KB211776

시무장로 사역장로

'사역장로' 1호

"
30만 장로들과 함께 나누고 싶은 이야기!
"

'사역장로' 7년의 중간보고서

시무장로
사역장로

배수현 지음

'시무장로 사역장로'를 펴내며

모든 영광 하나님께!

'사역장로7년의 중간보고서'

익숙하지 않은 표현일지는 모르나 그저 교회와 성도들 앞에 '헌법적 직분(시무장로)'에서 '성경적 직분(사역장로)'의 길을 찾아가겠다고 선언하는 마음으로 '거저 주라'의 책을 쓰게 되었고 이번에는 '사역장로 시무장로'를 새롭게 내놓게 되었다.

'시무장로'(10년)직을 내려놓고 '사역장로'가 되겠다고 나선 지 불과 7년의 세월을 보내고 있지만 필자에게는 놀라운 변화와 하나님의 인도하심이 있었다. '시무장로 사역장로'는 그동안 하나님과 사람 앞에 다짐하고 약속한 것들을 실행해 가는 현장 속, 삶의 중간보고이기도 하며 더불어 한국

교회 30만 장로들과 함께 나누고 싶은 이야기이다.

　주님이 주신 교회의 모든 직분은 섬김의 사역임과 동시에 맡겨주신 직분과 재능을 가지고 충성 다하여 그 이윤을 주님께 남겨드릴 사명이 있는 것이다. 흔히 말하는 '노후대책'보다 중요한 것은 '사후대책'이 더 중요하다.이것이 이 땅을 살아가는 그리스도인의 영적인 삶이기 때문이다.

　(마20:28), (막10:45) "인자가 온 것은 섬김을 받으려 함이 아니라 도리어 섬기려 하고 자기 목숨을 많은 사람의 대속물로 주려 함이니라"
　(마25:23) "그 주인이 이르되 잘하였도다 착하고 충성된 종아 네가 적은 일에 충성하였으매 내가 많은 것을 네게 맡기리니 네 즐거움에 참여할지어다 하고"
　(행20:24) "내가 달려갈 길과 주 예수께 받은 사명 곧 하나님의 은혜의 복음을 증언하는 일을 마치려함에는 나의 생명조차 조금도 귀한 것으로 여기지 아니하노라"

필자가 즐겨 사용하는 성경 말씀은 (마10:8) "너희가 거저 받았으니 거저 주라"이다.

그런데 거저 준다는 것은 사실, 내 것을 주는 것이 아니고 나에게 주어진 모든 것은 하나님의 것이기 때문에 하나님의 것을 주는 것이다. 또한, 주님이 주신 교회의 모든 직분은 섬김의 사역인 것이다.

(마20:28), (막10:45) "인자가 온 것은 섬김을 받으려 함이 아니라 도리어 섬기려 하고 자기 목숨을 많은 사람의 대속물로 주려 함이니라"

이 책을 쓰게 된 것은 주님께 거저 받은 은혜를 나누고 싶어서이다. 이 글을 읽는 독자들께서 오해하지 않았으면 좋겠다. 내 자신이 독자들보다 신실한 신앙인이거나 영적

으로 우월하다거나 탁월한 은사가 있는 것은 결코 아님을
미리 밝혀드린다.

또한, 삶속의 현장에서 말씀 따라 실천하고 실행하는 것
은 세상에서 어떤 복을 받기 위함이 아니라 이미 예수 피
로 구속하여 주신 은혜가 너무 커서 그 은혜에 감사하여
이 땅에 사는 동안 충성하고 싶어서이다. 하나님은 우리가
세상에 있는 동안 주님이 주신 달란트를 가지고 이윤을 남
기기를 원하시고 계신다. 우리 모두는 반드시 주님 앞에서
결산할 날이 오게 되는데 주님이 주신 것에 이윤을 남겨
"착하고 충성된 종"이라는 칭찬과 더불어 상급 받는 구원에 이
르기 위함이기도 하다.

믿음에는 반드시 실천과 행함이 수반되어야 한다.

(약2:14) "내 형제들아 만일 사람이 믿음이 있노라 하고 행함이 없으면 무슨 이익이 있으리요 그 믿음이 능히 자기를 구원하겠느냐"

(약2:17) "이와 같이 행함이 없는 믿음은 그 자체가 죽은 것이라"

(마7:21) "나더러 주여 주여 하는 자마다 천국에 다 들어갈 것이 아니요 다만 아버지의 뜻대로 행하는 자라야 들어가리라"

끝으로, 혹여 이 책을 통해 필자의 의가 드러나거나 주님의 영광을 가리 울까 심히 두렵고 떨린다. 때문에 가능한 하나님의 말씀에 접근하여 말씀을 중심으로 주님만 자랑하고 주님이 하신 일을 알리려고 노력하였다.

더불어 나의 사랑하는 가족(아내 안미경 권사, 첫째 딸 보배, 둘째 딸 민지, 막내 딸 예영)에게는, 언제 죽을지 모르는 인생이니 미리 유언을 남기는 심정으로 이 글을 썼다. 그리고 지금은 이 세상과는 이별하여 쉬고 계시지만 필자에게 믿음을 유산으로 물려주신 생전의 어머니(최복례 권사)를 생각하며 글을 썼다.

　이 책을 만나 읽게 된 독자들에게 하나님의 선하신 도우
심의 손길이 넘쳐나시길 원합니다.

　주님이 하셨습니다!

배 수 현

CONTENTS
목   차

특별함을 뛰어 넘은
못 말리는
나의 어머니,
최복례 권사!

01
이름 석 자

누군가에게 나의 이름 석 자로 삼행시를 지어보라 했더니,

(배) 배 사세요~

(수) 수박 사세요~

(현) 현찰만 받습니다~

이렇게 나의 이름을 가지고 장난삼아 놀린다.

필자는 나의 이름에 대하여도 감사한 적이 가끔 있다. 요즘
이야 예쁘고 부르기 좋은 이름이 많지만 우리 때만 해도 남녀
를 막론하고 이름이 비슷비슷하게 지어진 이름이 많았다.

우리는 모두 9남매인데 아들은 현으로 끝나고 딸은 현
으로 시작한다.

아들(일현, 선현, 수현, 성현, 보현, 부현), 딸(현순, 현주, 현숙)

당시 이름 짓는 것이 그리 쉽진 않았을 텐데 질서 있고

정돈된 이름으로 잘 지어졌다고 생각한다. 더구나 많은 자식들의 이름인데도 말이다.

나는 생전의 아버지가 잘하신 일 중에 자식들 이름을 잘 지어주신 거라 생각한다. 자신의 이름에 핸디캡을 느끼는 분에게는 죄송하지만 이처럼 좋은 이름을 갖는 것도 살아가는데 영향을 미치게 한다.

성씨에 따라서 이름을 짓기도 한다. 금 씨는 **금강산, 금잔디** 진 씨는 **진달래** 이 씨는 **이루리** 온 씨는 **온누리** 한 씨는 **한가람**…. 요즘 아주 잘 나가는 성악가 소프라노 '**신델라**'라는 분을 어느 간증 프로그램에서 보게 되었는데 예명이 아닌 실제 이름이라는 말을 듣고 그 이름을 지어준 부모님이 센스 있는 분이라 생각했다.

생전의 어머니를 소개하기에 앞서 필자의 이름 석 자를 자랑삼아 시작을 해보았으니 너그럽게 이해해 주시길 바란다. 이제는 나의 어머니를 간증으로 이 책의 본문을 열고자 한다.

웬 말인가 날 위하여

웬 말인가 날 위하여 주 돌아 가셨나
이 벌레 같은 날 위해 큰 해 받으셨나

내 지은 죄 다 지시고 못 박히셨으니
웬 일인가 웬 은혠가 그 사랑 크셔라

주 십자가 못 박힐 때 그 해도 빛 잃고
그 밝은 빛 가리워서 캄캄케 되었네

나 십자가 대할 때에 그 일이 고마워
내 얼굴 감히 못 들고 눈물 흘리도다.

늘 울어도 눈물로서 못 갚을 줄 알아
몸 밖에 드릴 것 없어 이 몸 바칩니다 (아멘)

청소대장,
새벽종치기,
난로피우기 당번

나의 어머니를 소개하자면,

"늘 울어도 눈물로서 못 갚을 줄 알아 몸 밖에 드릴 것 없어 이 몸 바칩니다" 이 찬송가 가사가 나의 어머니의 평생 고백이다. 교회 청소(삼일, 토요일)와 교회 종치기(새벽, 삼일, 주일), 새벽 난로피우기를 아무런 대가없이 40여 년을 한 결 같이 단독으로 충성해 오셨다.

세월이 흘러 교회가 부흥되고 안정되어 어쩌다 한차례 정도 버스를 대절하여 산과 바다로 전교인 관광을 떠나게 되는데 어머니는 단 한 번도 따라 가시지 않았고 "나는 교회에 남아 교회를 지킬 테니 잘 다녀오세요" 라고 하면서 버스에 탑승한 성도들을 향해 손을 흔들며 배웅만 하셨단다.

모르긴 하지만 그 때, 어머니는 아마도 교인들이 여행을 마치고 무사히 돌아오기를 위해 교회를 살피며 청소도 하

면서 기도하고 계셨을 것이다. 어찌, 나의 어머니라고 교
우들과 함께 관광을 즐길 생각이 없으셨겠으랴!

추운 겨울이면 고무 물통의 얼음물을 깨어 걸레를 빨아
무릎이 상하고 닳도록 강대상에서부터 바닥과 의자, 창문
틀 청소를 하셨고 매일 새벽에는 난로(**톱밥, 장작, 조개탄**)를
피우셨다. 그리고 교회 새벽종을 비롯한 정규 예배시작 30
분 전 초종, 5분 전에는 재종을 거르지 않으시고 한결같이
40여 년을 치셨다.

한번은 갓 태어난 갓난아이(**지금의 막내**)를 보자기에 싸서
그날도 어김없이 새벽종을 치기 위해 오신 것이다. 예배가
끝나면 어머니는 주변 정리를 하고 맨 나중에 교회 문을
나가신다. 그런데 그날따라 목사님과 마주친 것이다.

"최 집사님 어찌된 일이에요?"

"목사님! 어젯밤에 이 아이를 하나님이 태어나게 하셨어요."

"아니, 그러면 단 하루라도 집에서 몸을 풀 일이지 이렇
게 나오시면 어떡해요."

사실, 어머니는 단 하루도 남의 손에 새벽종 치는 일을 맡기고 싶지 않았던 것이다. 어찌 막내뿐이랴….

언젠가는 가정 형편도 어렵고 교회 청소와 새벽 종치는 일을 도맡아 하시니 교회에서 쌀 한 말을 우리 가정에 보내왔단다. 어머니는 그 쌀을 다시 머리에 이시고 교회 사택 마루 위에 내려놓으시면서,

"내가 이것 받으려고 교회 충성하는 줄 아느냐고, 나는 가진 것 없으니 몸이라도 드려 하늘나라에 쌓으려고 하는 일이니 다시는 이런 것 보내지 마시라"고 하셨다 한다.

그런데 그 쌀 한 말은 우리 집에서는 구경도 못하는 기가 막힌 귀한 쌀이다. 보리밥도 제대로 먹지 못하고 고구마가 주식이 되어버린 우리 집에 쌀 한 말이면 당분간은 보리에 섞어서라도 자식들에게 고구마 대신 도시락을 싸주어도 손색이 없을 분량이다. 그런 쌀을 볼 때 나의 어머니도 그런 마음과 생각이 왜 없었겠는가!

03
정해진 기도 시간은
철저히

신혼시절 우리 부부는 가끔씩 어머니를 뵈러 시골에 가곤했다.

대게는 오후시간에 도착한다. 저녁 식사시간이 되어 아내와 함께 시장에서 미리 식사 거리를 준비해온 것으로 저녁 식사 준비를 한다. 그런데 갑자기,

"밥 차려서 너희들 먼저 먹어라"

하시고는 어디론가 가신다. 아내와 나는 그저 황당했다. 시골 어머니와 함께 식사하러 시장에서 반찬거리를 준비해 왔건만 매정하게도 이럴 수 있으실까? 우리 부부는 그저 섭섭하기만 했다.

그런데 나중에 안 사실이지만 어머니는 하루 세 번(오전, 오후, 저녁) 기도시간을 별도로 정하여 교회에 기도하러 가

시는 것이었다.

  그래도 그렇지, 아들 며느리 올 때만큼은 '생략하시거나 시간을 뒤로 미루거나 하실 것이지' 하며 철없는 우리부부는 섭섭하게만 생각하고 그걸 이해하지 못했다. 어머니도 아들, 며느리가 오면 자식 못지않게 반가우실 것은 뻔하다.

  (단6:10) "다니엘이 이 조서에 왕의 도장이 찍힌 것을 알고도 자기 집에 돌아가서는 윗방에 올라가 예루살렘으로 향한 창문을 열고 전에 하던 대로 하루 세 번씩 무릎을 꿇고 기도하며 그의 하나님께 감사하였더라."

  그러나 하나님과의 한 약속이 아들, 며느리와 같이 식사하는 것 보다 우선순위에 있었던 것이다. 이처럼 어머니는 하나님과 약속한 기도 시간을 생명처럼 지키셨던 것이다.

  우리 부부는 먼 나중에 와서야 어머니의 그런 마음을 이해하게 되었고 아내와 나는 자책하며 어머니를 닮으려 기도에 최선을 다하며 노력하고 있다.

04
귀신과의 대화!

어릴 적 어머니가 이런 말씀을 하신 기억이 있다.

새벽기도 드리러 오가는 길에 **"귀신을 만났다"** 하신다. 교회를 가려면 공동묘지를 반드시 지나가야 하는데 귀신이 그 공동묘지 앞에서 나타나 교회 정문 앞까지 따라와 어머니 곁에 바짝 붙어서 쫓아다니며 괴롭게 하는 것이다. 교회 앞에 이르면,

"내일 다시 보자" 그러면서 말하기를,

"너 그렇게 교회만 다니면 무얼 먹고 살래, 자식이 몇인데 자식 걱정 좀 해라"

그러면서 비아냥거리듯 시비의 말을 걸어왔다 하신다. 어머니가 대답하기를,

"무얼 먹고 살아, 예수님이 주시는 것 먹고 살지! 네가 아무리 말해도 소용없으니 사라져라!"

하며 단호하게 '예수이름으로 귀신을 물리쳤다'고 말씀하신다. 다음날도 똑같이 나타나 같은 시비를 걸어 왔지만 같은 방법으로 물리쳤고 그 다음 날부터는 귀신이 손에 잡히지는 않지만 너무도 또렷한 모습으로 나타나기에 잡을 수 있고 때려죽일 수만 있다면 잡아 죽이고 싶어 작대기 하나를 손에 들고 새벽예배에 가셨다 한다.

그런데 그날 이후로는 나타나지 않았고 또한 하나님께서는 어머니가 전도한 같은 동네에 사는 아가씨(**영이누나**)와 함께 새벽기도 동행자로 붙여주셔서 외롭지 않게 다니게 되셨다는 말씀을 종종 듣게 되었다.

어머니는 귀신의 실체를 어머니의 영안으로 아주 또렷하게 보게 되었을 뿐만 아니라 직접 대화를 한 것이다. 그러나 나는 그때만 해도 그런 어머니의 말씀이 신기하게만 생각되었고 그 말을 전혀 이해하지도 못했다.

이렇게 마귀는 어머니를 기도 못하게 하고 자식들 예수

님 못 믿게 만들어 우리 9남매를 마귀자식 만들려고 어머니에게 끈질기게 달라붙었지만 어머니는 귀신의 실체를 알고 계셨기에 포기하지 않고 말씀과 기도로 물리치신 것이다.

결국, 귀신이 어머니를 포기한 것이다. 귀신도 어머니한테는 상대가 되지 않았다. 만일, 어머니가 귀신의 끈질긴 방해 작전에 힘겨워 새벽기도에 나가는 것을 포기하셨다면 우리 가족은 예수 믿을 가능성은 거의 없었을 것이다. 생각만 해도 끔찍한 일이다.

어머니의 넓은 사랑

———

어머니의 넓은 사랑 귀하고도 귀하다
그 사랑이 언제든지 나를 감싸 줍니다
내가울때 어머니는 주께 기도드리고
내가 기뻐 웃을 때에 찬송 부르십니다

아침저녁 읽으시던 어머니의 성경책
손떼 남은 구절마다 모습 본듯 합니다
믿는자는 누구든지 영생함을 얻으리
들려주신 귀한 말씀 이제 힘이 됩니다

홀로누워 괴로울때 헤매다가 지칠때
부르시던 찬송소리 귀에 살아 옵니다
반석에서 샘물나고 황무지에 꽃피니
예수님과 동행하면 두려울 것 없어라

온유하고 겸손하며 올바르고 굳세게
어머니의 뜻 받들어 보람 있게 살리라
풍파 많은 세상에서 선한싸움 싸우다
생명시내 흐르는곳 길이 함께 살리라 (아멘)

05
전 재산을 '건축헌금'으로

　'건축헌금 작정 제도'가 언제부터 생겼는지는 모르겠다. 또한 지금처럼 교회의 건축 계획을 세워 미리 광고를 하고 정리된 양식에 '작정서'를 만들어 놓은 것을 가지고 각자 기입해 소신껏 하나님께 약속하며 기간을 정하여 '작정서'에 기록한대로 헌금하는 형식의 절차가 아니다.

　그저 설교 말씀을 통해 건축을 해야 하는 상황이니 성령님의 인도하심 따라 성도들의 정성을 모아 건축하자고 말씀하면 그것으로 끝이다. 더구나 프린트로 정리된 작정 양식 없이 날짜만 정하여 즉석에서 작정한 것 같다.

　이제는 미리 예고한 대로 건축헌금을 작정하는 주일이 되었다. 목사님의 설교가 끝나고 작정하는 시간이 되어 목사님이 건축헌금 작정에 관한 것을 설명하시고 재정 담당자는 작정한 사람과 금액(쌀, 보리, 현금…)을 받아 적는 형식이다.

그런데 아무도 손을 들어 작정하겠다는 사람은 없고 그저 숨죽인 정막감만 맴돌고 있는 것이다. 당시에는 보릿고개의 힘들고 어려운 시절이어서 건축헌금 드릴만한 현금을 가진 사람은 말할 것도 없고 끼니에 필요한 쌀과 보리, 콩, 고구마..의 양식에 의존한 터라 엄두가 나지 않았던 모양이다.

그런데 갑자기 나의 어머니가 손을 번쩍 드시더니,

"나는 쌀 다섯 가마 할 게요" 하셨단다.

그 말을 듣는 순간 전 교인은 의심 반, 걱정 반 눈이 휘둥그레져 이해가 되지 않는 걱정 어린 눈으로 어머니를 바라보았다. 어머니는 목사님의 설교 말씀을 듣고 성령의 감화가 되어 감동으로 즉시 순종하여 실천으로 옮기신 것이다.

하지만 이 전 재산을 바치면 우리 가족은 어쩌란 말인가! 아무런 대책도 없이 말이다. 당시 우리 가족은 어머니, 아버지를 포함 7식구이다. 더 큰 문제는 그 쌀 다섯 가마를 어떻게 마련하게 될 것이냐는 것과 왜? 쌀 5가마인가! 가모두의 관심사 이다.

그 이유인즉, 당시 우리 가족 전 재산 목록은 '단칸방의 오두막집'이 전부인데 이 전 재산을 팔면 쌀 다섯 가마를 받게 된다는 것을 미리 알아보신 것이다.

이렇게 되자 온 성도들은 서로 눈치만 보게 되었다 한다. 우리 교회에서 제일 가난한 최복례 집사가 5가마를 작정했으니 말이다. 여하튼, 어머니를 시작으로 한 사람 한 사람이 손을 들어 그 자리에서 쌀 70가마가 작정되었고 근사한 교회를 지어 봉헌하게 된 것이다.

이후, 교회는 계속 부흥이 되어 면 소재지의 작은 동네이지만 노회 행사를 치를 만한 규모의 교회로 성장하게 되었다.

이처럼, 어머니는 현실의 상황보다는 성령님이 주시는 '감화와 감동'을 더 존중히 여겼던 것이다. 마치 사르밧 과부가 마지막 남은 한 끼를 엘리야 선지자가 말한 대로 하였더니 그의 식구가 죽지 아니하고 통의 가루와 병의 기름이 없어지지 않는 복을 받게 되었던 것처럼 말이다.(왕상 17:1-16)

그 이후에 벌어진 좀 더 자세한 내용은 다음 순서의 '당시에 시무하셨던 목사님이 쓴 책에서 간증하신 내용'으로 대신 하겠다.

06
'어머니에 대한
당시의 목사님 책 속의 간증'

지금은 '삼례동부교회' 원로 목사님이신 이은익 목사님
의 첫 사역지(1966년)가 바로 나의 어머니가 평생 섬겨 오
셨던 부안군 백산면 소재 '평교교회'(현, '백산중앙교회')이다.

이은익 원로 목사님께서 팔순기념으로 〈'목회자의 분복'〉이
라는 책을 출간하게 되었는데 그 책에 소개된 나의 어머니
와 우리 가정에 대한 간증의 내용을 발췌하여 간추려 소개
해 본다.

———

"나의 일생 목회 현장에서 잊을 수 없는 믿음의 동역자
들이 있어서 이를 기록해 남겨 보존하고자 한다."

최복례(남편: 배낙규 장로)권사
: 자녀들(배일현 목사, 배수현 장로 포함 6남 3녀)

'평교교회' 성도들은 대부분 가난했다. 그런데 그 중에서 제일 가난한 가정은 최복례 집사 가정이었다.

가장으로부터 어린 자녀들까지 돈벌이를 위해 가정을 떠나서 객지에 살고 있었다. 그 때 살고 있던 집은 방 한 칸 부엌 반 칸, 그나마 그 초가집도 제대로 이앙하지 못해 지붕 여러 곳에 골이 패여 있었다.

그러나 그의 신앙만은 제일 부요한 자이다.

내가 부임하던 첫날 새벽에 여인 홀로 와서 기도하고 있었는데, 그가 바로 최복례 집사였다.

토요일과 수요일마다 예배당 내부 청소, 새벽종 치는 이가 바로 최복례 집사였다. 너무너무 가난하다 보니까, 임금을 앞당겨 받아먹고 보니, 1년 내내 쉬는 날이 없이 계속 남의 일만 하는데도 가난 밖에 남는 것이 없다고 했다.

하루는 최복례 집사가 밭에서 일하다가 아이를 낳아서 치마에 쌓아 왔다는 소식이 들려오기에, 교회 아랫집에서 사는 황 집사에게 교회 청소를 맡겼었다.

그런데 '목사님!'하고 밖에서 부르는 소리가 있어 문을 열어 보니, 최복례 집사가 아닌가, 해산 한지 3일 만인지라 얼굴이 조금은 부어 있었다. 주택 마루에 앉자마자 굵은 눈물을 쏟아내며,

"목사님 유감입니다. 나는 돈도 없고, 바칠 것 없어 몸뚱이 하나로, 예배당 청소는 평생 내 몫이라고 여기고 있었는데 내 의견은 들어보지도 않고 어떻게 황 집사에게 맡길 수가 있습니까?" 하는 것이 아닌가!

"최 집사님, 내가 잘못했습니다. 최 집사님이 아이를 낳았다 하기에 청소하기 어려울 것 같아서 그리한 것이니 이해해 주세요."

그래도 그칠 줄 모르고 한없는 눈물만 흘리는 것이었다. 너무너무 감동적인 순간이었다.

교회당 내부 청소와 새벽 종치는 일은 아무도 손댈 수 없었고 오로지 최 집사만 감당해야 하는 일이었다.

그 이후 교회당 건축을 위한 헌금을 실시하게 되었다.

당시, 삼남 지방의 2년 동안의 대 가뭄으로 인한 대 흉년 인지라 건축을 연기하자는 이들이 많았으나, 하나님과의 약속이니 믿음으로 시행하기로 하고 건축헌금을 작정하는데 대답하는 이가 아무도 없었다. 그러자,

이 때 최복례 집사가

"목사님, 저는 쌀 다섯 가마 할 게요!" 한다.

나도 깜짝 놀랐지만 온 회중이 다 놀랐다. 그 때 최 집사의 친정 작은아버지 되는 최 장로가 "복례야, 네가 뭘 가지고 다섯 가마나 한다는 거냐?"

그 때 나는 크게 감동받은 마음으로,
장로님 꾸짖지 마십시오. 하나님이 하시겠지요. 하였다.

그러자, 그 때 하나 둘씩 한 가마, 두 가마씩 작정하여 도합 70여 가마가 되었다.

그 일이 있은 지 5일 후에 소달구지에 쌀 다섯 가마를 싣고 최복례 집사가 들어오는 것이었다.

집사님, 어떻게 된 거에요?

"집 팔았어요. 텃밭까지 합해서 꼭 다섯 가마 받았어요."

아니, 어디로 갈려고?

"아무데나 하나님이 가라는 데로요."

가족과는 의논했어요?

"아니요."

참 어린애 같이 귀엽기도 했지만, 통이 큰 여자 같기도 하였다. 그날 밤 나는 밤새워 기도했다. 최 집사도 기도하고 있었다.

다음 날 저녁 최 집사가 뛰어왔다.

벙글벙글 웃으면서

"목사님, 목사님! 나 부자 됐어요!"

아니, 지금 최 집사가 돌았나, 이상하다고 생각했다. 그러나 기적이 일어난 것이다.

교회 바로 앞산 넘어 최 씨 문중의 선산이 있었다. 4칸 겹집 큰 함석집이 있었고, 그 집에 속한 비옥한 텃밭 2천여 평이 있었는데 때마침 그 곳 산지기가 떠나게 되어 최 씨 문중 회의에서 복례에게 맡기기로 결정하였다는 것이다.

며칠 후 최복례 집사는 그 집에 이사하게 되었다. 궁궐 같은 집이요, 보기 드문 주택이었다. 정확하신 하나님, 한 치의 오차도 없으신 하나님! 믿음으로 바친 자에게 백배 천배 보답해 주셨다.

그 후 최 집사는 객지에 나가 있는 아들(배일현, 배선현)을 불러 들여 텃밭에 수박을 심었다. 그 해 수박 농사가 잘 되어, 그 때 20만 원(쌀150가마)의 수익을 올렸다고 한다. 그리고 목사인 나에게는 최신형 삼천리 스테인레스 자전거를 사주어 교인심방에 유용하게 사용할 수 있었다.

"내가 어려서부터 늙기까지 의인이 버림을 당하거나 그의 자손이 걸식함을 보지 못하였도다. 그는 종일토록 은혜를 베풀고 꾸어주니 그의 자손이 복을 받는도다." (시편 37:25-26)

최복례 권사의 가문에는 **남편 배낙규 장로, 아들 배일현 목사, 아들 배수현 장로, 아들 배선현 집사, 아들 배성현 안수집사, 딸 배현순 권사**를 비롯 9남매가 한 사람도 주님을 떠나 세상에서 방황하지 않고 영, 육간의 축복을 많이 받았으니, 이것이 바로 하나님의 축복임을 증거하고 있다.

그의 장남이었던 배일현 목사는 비록 이른 나이에 하나님의 부르심을 받았으나, 그의 생애는 빛났다. 그가 가족과 함께 삼례에 왔을 때는 맨손이었다. 그것도 그의 어머니 최복례 권사가 권고하기를,

"너는 삼례동부교회 이은익 목사님께 찾아가야 산다."고

하셨단다.

장남인 배일현 목사가 말하기를,

"아시는 바와 같이, 사모님을 통해 사글세 방 한 칸 얻고 행상을 하는 중에도 너무 장사가 잘 됩니다 "

삼례로 나를 찾아왔을 때 아내가 잘 소개해 주어 방 한 칸을 얻고 새로운 장사를 시작했다. 사업이 기적적으로 잘 되었다. 하나님의 부어주심이 역력하였다.

단기간에 많은 소득을 얻어서 하나님께 십일조 드림은 물론이고, 담임 목사인 나에게 신형 포니2 승용차까지 사 주었다.

얼마 후에는 고향의 부모님께 논 두 필지를 사드려 생계에 지장이 없도록 해드린 것이다.

어릴 적부터 출석하는 교회에서 신실하게 봉사하여 담임목사와 성도들에게 인정받게 되었다. 장로가 되고 전국

CE연합회 회장을 비롯하여 그가 일하는 곳마다 기적 같은 일들이 벌어졌고 감동이 되었다. 배목사는 생업에도 열정을 다했다.

고창군 내에 넓은 토지를 매입해 농장까지 경영하면서 큰 뽕밭을 가꾸며 양잠업을 하여 나라의 표창까지 받은바가 있다. 그러던 중 하나님의 뜻이 계셨는지 신학교를 졸업하고 목사로 장립 받은 후, 전주에서 자신이 모은 돈으로 교회를 개척하여 목회를 잘 하고 있었다.

그런데 한 불쌍한 청년의 처지를 듣고 그를 데리고 있게 되었는데 어느 날, 새벽기도를 마친 후 갑자기 그 청년이 죽는다고 나갔다는 이야기를 듣고 달려가 보니, 그 청년이 큰 도로 한 복판에 누워 있었다고 한다.

배 목사는 차의 불빛을 보면서도 뛰어 들어가서 그를 끌어내려다가 애석하게도 함께 차에 치어 하늘나라에 간 것이다. 국가는 배 목사의 죽음을 높이 인정하고 '의사자'로 선정하여 표창까지 하였다.

그의 부인 김영순 사모는 3딸(은선, 지선, 누리)은 출가해서 하나님의 축복 속에 행복하게 아주 잘 살고 있다.

그리고 셋째 아들인 배수현 장로의 이야기다.

첫 부임지 평교교회 시절, 어린 유년주일학생이었던 배수현 군이 청년이 되어 찾아왔다.

서귀례 사모가 서점에 취직을 시켜 주었는데,

"배수현 군이 들어와 얼마나 열심히 일하는지 그 이후, 서점이 예상과는 달리 너무너무 잘 된다"는 것이다. 덕분에 서점사장 내외가 교회에 등록하여 믿음생활도 잘 하게 되었다.

그 가게 주인이 사모에게 찾아와,

"어디서 이렇게 좋은 사람을 소개해 주었느냐"며 좋아했다는 것이다.

(창39:2-3) "여호와께서 요셉과 함께 하시므로 그가 형통한 사람이 되어 그 주인은 여호와께서 그와 함께 하심을 보았더라"고 말씀하셨다.

그리고 5절에는 **"여호와께서 요셉을 위하여 그 애굽 사람 집에도 복을 내리셨다."**라고 기록하고 있다.

하나님은 배수현 군을 위해서 그 집에 복을 주시는 것이다. 이는 결코 우연이 아니요, 살아계신 하나님께서 약속하신대로 그의 어머니의 심은 열매를 거두게 되는 것이리라.

어느 날 배수현군이, 모르는 어떤 사람과 함께 나를 찾아왔다. 무슨 일로 왔느냐 물으니

"형님이 사드린 차 이제 낡았으니 제가 바꿔 드리려고요"

나는 깜짝 놀랐다. 그리고 전혀 생각지도 못한 일이기에, 배수현군의 제의에 답변을 할 수가 없었다.

왜냐하면 당시 배수현군은 우리 교회에 출석하여 교사로 충성은 하고 있었지만 아직 집사도, 장로도 아니고 더군다나 결혼도 안 한 총각이기에 그 제안에 받아드릴 수가 없었다.

솔직히 차를 사주겠다고 하여 덜컥 받기라도 하면 교회 장로님들과 성도님들이 목사인 나를 어떻게 생각할까? 염려도 되었다. 그래서 거절 할 수밖에 없었다.

그런데 배 선생은 막무가내 였다.

"목사님 마음에 드시는 차량 색상을 정하기 위해 왔으니 컬러만 정해 달라"는 것이다. 나는 그 말에 아무런 대답도 못했다. 답답했던지 배 선생은,

"여기 홍보 책자에 나와 있는 진한 회색으로 할 게요"하며 사택 현관을 빠져 나가버렸다.

며칠 후, 짙은 회색의 프레스토 승용차가 교회 사택 앞에 번호판까지 달고 들어와 있는 것이 아닌가! 어쩔 수 없이 주일날 교회 주보에 광고를 하고 성도들에게 사실을 알렸더니 온 성도가 감동하게 되었다.

이것도 기적이요, 저것도 기적이라 할 수 있겠다.

(창49:22) **"요셉은 가지 곧 샘 곁의 무성한 가지라. 그 가지가 담을 넘었도다."**

-이상-
'삼례동부교회 이은익 원로 목사님'의 저서 "목회자의 분복" 중에서

——

이렇게, 어머니 한 사람의 끈질긴 기도와 충성으로 인해 오늘날 9남매가 믿음 안에서 복된 가정을 이루어 현재 '61명의 명문가문(**목사3, 장로3, 안수집사3, 권사4 포함**)'이 되어 살게 되었고 단 한 사람도 예수 믿지 않고 세상과 벗하며 사는 아들, 딸, 사위, 며느리, 손주가 없는 특별한 가문이 된 것이다.

지금 생각해 보아도 정말 '특별함을 뛰어넘는 못 말리는 나의 어머니'이셨고 '충성자의 모델 중의 모델'이라 말하지 않을 수 없다.

지금은 고인이 되셨지만 사랑하는 어머니의 목소리가 들려온다.

"사랑하는 내 아들, 수현아!
널 위해 죽으시고 부활하신 주님의 은혜에 더욱 감사하면서
죽도록 충성하며 살아야 한다.
세상에서의 주를 위한 충성, 희생 그리고 바보스럽고 미련한 삶이
하늘나라에서는 이렇게 큰 영광이 될 줄이야!
절대, 세상 정욕에 마음 빼앗기지 말고 성령의 힘을 의지하여
널 끊임없이 속이는 원수 마귀와 싸워 꼭 이겨내야 한다."

이렇게 어머니의 음성이 나의 가슴을 두들겨 매친다. 어린아이처럼 하나님을 부르고, 또 어머니의 생애를 되씹어 생각하다 보면 어느새 눈물이 볼가를 타고 목까지 젖어 흐른다. 어머니의 기도가 아니었으면 여기까지 올 수도 없었고 만인 앞에 이러한 간증은 꿈도 꿀 수 없다. 이 세상 그 어느 것보다 귀한, 어머니가 물려준 신앙의 유산을 잘 간직하여 자자손손 명문가정으로 이어가길 소원한다.

주님이 하셨습니다!

성령이여 강림하사

1879년 E. H. Stokes 작사, J. R. Sewney 작곡

성령이여 강림하사 나를 감화하시고
애통하며 회개한 맘 충만하게 하소서

성령이여 강림하사 크신 권능 줍소서
원하옵고 원하오니 충만하게 하소서
힘이 없고 연약하나 엎드려서 비오니
성령 강림 하옵소서 충만하게 하소서

정케하고 위로하사 복을 받게 하소서
충만하게 하시오니 무한 감사합니다.
후렴: 예수여 비오니 나의기도 들으사
애통하며 회개한 맘 충만하게 하소서 (아멘)

시무장로
사역장로

01
시무장로와 사역장로의 차이

   예수님을 믿는 그리스도인 모두는 사역자이다. 다만, 그 사역이 목회 사역자인가 평신도 사역자인가의 차이에 있다고 생각한다.

   교회장로의 직분의 호칭을 여러 가지로 나누어 부르고 있다. 교단마다 차이가 있긴 하지만 필자가 속했던 예장(합동) 측에서는 이렇게 나눠 부른다.

- 명예장로
- 협동장로
- 피택장로
- 시무장로(치리장로)
- 휴직장로
- 은퇴장로
- 원로장로
- ….

이 모두는 성경과는 무관한 사람이 헌법이나 규정으로 만든 명칭이다. 그리고 이 명칭이 갖는 의미나 권한, 정년 등이 각 교단의 헌법 책에 명시되어 있다.

이제는, 필자가 나누고자 하는 '사역장로'라는 명칭이다.

이는 사람이 헌법이나 규정으로 만든 명칭의 시무장로와는 차별화된 '사역장로'라는 직분의 이름이다. 다시 말하자면 헌법적 직분에서 성경적 직분으로 전환해 진정한 평신도 사역자로 섬겨보자는 것이 이 책의 핵심이다.

또한 시무장로는 그 정년(만70세)을 법으로 정해놓았다. 그러나 '사역장로'는 정년이 없다. 엄밀히 말하자면 모든 사역자는 정년이 있을 수 없다. 성경의 사도바울, 스데반, 베드로를 비롯한 예수님의 제자들…. 하나같이 오직 주를 위해 충성하다가 순교로 생을 마감했다. 이것이 예수님의 제자 된 사명자로서의 직분이 갖는 본질적 의미이다. 이러한 삶이 그리스도인, 크리스천의 사명이다.

예수님을 믿는 모든 사역자는 주님이 부르시는 그날까지가 정년이다. 그리고 어떠한 권리주장이나 권한이 있을 수 없다. 오직 각자에게 맡겨진 주님의 뜻을 이룰 사명과 그리스도의 일군으로 충성된 섬김의 의무만 있을 뿐이다.

(고전4:1~2) "사람이 마땅히 우리를 그리스도의 일군이요 하나님의 비밀을 맡은 자로 여길찌어다 그리고 맡은 자들에게 구할 것은 충성이니라"

그런데, 시무장로는 당회원의 권한(권리)이 있어 당회의 구성원으로 당회가 갖는 권리와 권한을 행사하게 된다. 물론, 그것도 사람이 법으로 정하여 만든 것으로 말이다.

우스갯소리이지만 어느 목사님이 말하기를,

"회 중에서 가장 맛없는 회가 당회다"

라고 말하는 소리를 들은 적이 있다. 이유인즉, 당회를 하는 중 당회장 목사를 공격하거나 엉뚱한 무슨 일이 벌어질까 봐 당회를 앞두기 전부터 긴장하며 기다리게 된다는 것이다.

당회가 시작되면 그동안 준비한 안건의 의사결정을 이끌어내야 하기 때문에 시무장로들의 말하는 의견을 다 들어줘야 하고, 반대 의견의 소리를 내는 장로들을 설득해야 하고, 이 편 저 편에 치우치게 될까 봐 하고 싶은 말도 못하게 되는 등의 긴 마라톤 회의를 끝내고 나면 반 초죽음이 되는 것이다.

사실, 필자도 현장에서 경험되었기에 이해가 되는 말이기도 하다. 이는 당회원이 적고 작은 교회 보다는 큰 교회일수록 그러한 현상이 벌어지게 마련이다. 난, 시무장로(10년)를 하는 동안 당회에서 당회장(담임목사)의 의견에 단 한 번도 반대 의견을 제시한 적이 없다. 오히려 "배 장로는 그저 담임목사의 편만 든다."는 말을 많이 듣게 되었다.

그도 그럴 것이 난, 세상정치 하듯 힘의 논리로 소위, 좋은 직책 얻어내기 위해 적당히 눈감아 주고, 힘 있는 쪽에 편승하여 그 의견에 힘을 보태어 당회장목사님의 반대되는 의사결정을 이끌어 내게 만드는 그런 일은 나의 신앙 양심이 허락되지 않았기 때문에 어떠한 타협도 하지 않았다.

장로는 그저 담임목회자가 목회 방향에 따라 잘 목회할 수 있도록 돕고 협력하고 기도해 주는 일이 최선의 우선순위인 것이다. 장로의 생각이 아무리 옳고 유능하다 할지라도 어찌 교회의 감독자인 담임목사의 생각의 깊이만 하겠는가! 담임목사의 목회 방향에 반하여 그 의견을 묵살해버리게 된다면 그 피해는 결국 온 교우 성도들에게 오게 되는 것임을 명심해야 한다.

혹자는 말하기를 "장로는 목회자를 잘 견제해야할 책임이 있다. 그래야 교회가 건강하게 성장하게 된다"고 말이다. 이는 좋은 말 같으나 몹시 위험한 발상이며 성경 어디에도 그런 말씀은 없다. 목회자를 견제해야하는 일이 있다면 그 일은 교회의 머리이신 주님이 하실 영역이지 장로가 나설 일이 아니다.

바울사도에게는 바나바, 누가를 비롯한 디모데, 아굴라 브리스가, 루디아, 뵈뵈, 안드로니고, 유니아, 암블리아, 우르바노, 스다구, 아벨레, 헤로디온, 드루배나, 드루보사, 버시, 루포…. 심지어 바울이 감옥에 있을 때 오네시모는 옥바라지를 했던 것이다.

성경에서는 이처럼 수많은 사람들이 목회사역을 협력하고 도왔다는 말씀은 있지만 목회 사역자를 견제하라는 말씀은 없다.

필자는 어릴 적부터 어머니에게서 **"섬기는 교회의 목사님에게 잘 해야 한다."**고 늘 상 말씀하시는 것을 듣고 자랐다. 그래서인지는 몰라도 '난 커서 돈 벌어 우리 목사님 자가용도 사드려야겠다'고 마음만 먹었었는데 장가도 가지 않은 총각 시절에 그 꿈을 이루게 하셔서 한국교계 최초로 총각 성도가 목사에게 자가용을 선물한 사람이 되게 하셨다. 이 얘기는 '거저 주라'의 책에서 간증한 바 있다.

이상, 패일언하고 필자가 '사역장로'로 나서게 된 동기와 시무장로와 사역장로의 차이를 말씀에 비추어 설명해 보았다.

02
헌법적 직분에서
성경적 직분으로

나는 장로가 되면 평생 한 교회에서만 남아 있어야 하는 것으로 생각했다. 어느 교회에서는 임직 받고 타 교회에 갈까봐 일명 "항존직(장로, 안수집사)"이 된 사람은 평생 그 교회에 뼈를 묻어야 한다고 말한다. 그래서 먼 곳에 이사도 못가고, 좋은 직장이나 좋은 사업 아이템이 생겨도 임직 받은 교회 영역 밖을 나가지도 못하고 그저 머물러 있게 된다.

물론, "항존직"이란 말도 사람이 만든 것일 뿐 성경에서 가르치는 말이 아니다. 초대교회 일곱 집사는 집사로 선택받고 구제에 대한 부분을 일정기간 감당하다가 뿔뿔이 흩어져 일평생 복음전도자로 살았다. 특히, 빌립집사는 사마리아로 가서 이방전도에 힘썼다. 임직 받은 교회에 평생 남아 터줏대감처럼 군림하지 않았다. 교회에 일정기간은 남아 직분자로 섬기다가 새로운 직분자가 발굴되어 세워지면 그 직분자에게 과감히 물려주어야 한다.

중요한 사실은 '내가 그 자리에 있어야만 교회가 잘 돌아가는 것이 아니라 내가 그 자리를 내려놓아야 교회와 그 부서가 더 잘 되고, 더 성숙하게 성장된다.'는 생각을 직분자 모두가 가져야 한다.

감사하게도 필자가 섬기던 담임목사님의 생각은 달랐다. '피택장로'가 된 시점에서 담임목사님(당시, 김인중 목사)과의 첫 만남의 자리에서 권면의 말씀과 더불어 모두에게 항상 제안하는 말씀 한 가지가 있다. 그것은 "시무장로를 7년만 하고 각자의 은사대로 '사역장로'로 나아가는 것이 바람직하지 않겠느냐"는 것이다.

이것이 필자가 '사역장로'가 된 배경이다. 다시 말해 이것은 '성경적 직분자'가 되라는 말씀으로 이해된다. 당시 김인중 목사님 역시, 법이 정한 임기를 2년 반 먼저 내려놓으시고 새로운 사역에 전념하시려 사역하시던 곳을 벗어나 새로운 도시로 떠나셨다. 어쩌면 은퇴 이후의 사역이 더 활기 있고 빛날 것이다. 이처럼, 사역자는 임기가 따로 있을 수 없다.

나는 담임목사님과 함께하는 그 자리에서는 당연히 그렇게 해야겠다고 마음먹었다. 왜냐하면 그 때만 해도 7년이 멀게만 느껴졌기 때문이다. 그런데 막상 마음속으로 약속한 해 수가 다가오는 시점에서 여러 가지 갈등이 생기게 되었다. 이것이 과연 맞는 걸까? 생각을 잘 한 것일까? 라고 말이다. 그러면서 어느덧 7년을 넘기고 10년이라는 시간이 다가오게 된 것이다. 나 자신이 부끄러웠다.

인간적인 솔직한 심정을 표현하자면, '시무장로'의 위치까지 오는 동안 나름 얼마나 많은 충성의 시간을 지나 여기까지 왔는데 이걸 내려놓으라고? 그리고 우리 세 딸들은 아직 결혼도 안했는데 내가 '사역장로'로 은퇴해 나가면 우리 딸들 결혼식 때 과연 그 많은 성도들이 와 주겠는가! 그동안 내가 뿌린 애경사만도 만만치 않은데 그 본전은 어디에서 찾지? 더구나 나의 경우 은퇴할 때까지 기간을 채우면 '원로장로'라는 추대도 받게 되어 평생 당회에 참석도 할 수 있는데 포기해 버리라고! 등등 이런 식의 인간적인 유치한 생각을 하게 된 것이 솔직한 나의 고백이다.

사실 나는 '통일사역과 무료급식사역'을 핑계로 '휴직장로'를 생각했었다. 얼마동안 '사역장로'의 길을 가다가 여

의치 않으면 다시 복귀 할 계산을 한 것이다. 내려놓기가 쉽지 않았기 때문이다.

그런데 한번은 우리 막내(예영)가 이런 질문을 한다.

"아빠! '휴직장로'가 뭐고 '은퇴장로'가 뭐야?" 이렇게 말이다. 딸은 앞으로의 방향에 대하여 그동안 아내와 주고받은 말이 궁금했던 것 같다. 응, '휴직장로'는 지금 하고 있는 교회의 '시무장로'직을 내려놓고 잠시 쉬는 것이고 '은퇴장로'는 장로의 모든 권한에서 떠나는 거야! 이렇게 설명해 주었다.

그러자 딸은 "그럼 '휴직 장로'는 아니라고 생각해, '사역 장로'로 나서기로 마음먹었으면 '장로'라는 타이틀의 싹을 잘라버리고 은퇴해야 맞는 거 아니냐!"고 나를 타이르듯 말한다.

나는 딸에게 한 대 얻어맞은 기분이었다. 그래 맞다, 그것이다! 은퇴를 해야 사역 장로의 일에 집중할 수 있는 것이지, 언제든지 다시 당회에 복귀할 수 있는 여지를 남겨놓으면 자꾸 인간적인 계산이 나올 수 있는 것이다. 부끄러운 생각이 들었다. 이것은 막내딸이 한 말이 아니라 성령께서 들려주시는 말씀이라고 생각하여 은퇴하기로 결단을 하게 된 것이다.

뒤돌아 생각해 보니 그동안 섬겨왔던 교회와 노회에서 회장이라는 회장은 거의 다 해 본 것 같다. 우스갯소리로 여전도회회장만 빼고 말이다.

교회에서는 '지역남전도회회장, 연합남전도회회장, 지역CE회장, 연합CE회장, 지역안수집사회장, 연합안수집사회회장' 더 나아가 '노회청장년면려회장, 노회남전도회회장, 노회장로회회장', '노회장로부노회장' 이다.

그런데 이러한 직책을 맡게 될 때마다 우쭐한 마음이 든다. 나 자신이 이러한 위치에 있을만한 자격 있는 사람이나 되는 것처럼 거들먹거리며 어느 샌가 나도 모르게 어깨에 힘이 들어가게 된다.

그리고 이제는 대우받는 자리에만 서게 되는 것이다. 나름 회장이란 회장은 해 보았으니 소위, '증경회장'이라는 타이틀이 있어 각종 혜택과 상석 그룹에 속해 상석이라는 자리에 앉게 된다. 부끄럽기 짝이 없지만 이제는 대우받고 어른 노릇하는 이러한 시점에 와 있었던 것이다.

그러는 동안 영혼은 점점 병들어가고 있는 것이다. 필자는 이런 부분을 가장 심각하고 두렵게 생각해 온 사람이다. 세상 사람들은 '노후대책'이 중요하다고 생각한다지만 우리 그리스도인은 '사후대책'이 중요하다. 죽음이 끝이 아니기 때문이다. 살아 있을 때의 영혼관리가 곧 '사후대책'인 것이다.

말씀에 정신을 차리지 않으면 나 자신이 어떤 자리에서 어떠한 불법을 저지르는 위치의 자리로 나아갈지 모르기 때문에 지금부터라도 내 영혼의 관리를 위해 정신을 바짝 차리고 그리스도인의 본질적 가치가 있는 자리로 돌아가야겠다고 결단하게 된 것이다.

주님께서는 나를 더 이상 이러한 자리에 서 있기를 원치 않으셨는지 새로운 자리로 불러내셨다. 여기에서 멈추게 된 것이 얼마나 다행한 일이고 감사한 일이 아닐 수 없다.

필자는 이 책을 통해 나와 같은 자리에서 온갖 혜택을

누리며 감투에 매여 그것이 마치 주님께서 누리게 하신 일이고 하나님의 일인 것처럼 착각하고 계신 분들이 있다면 하루빨리 빠져나오라고 말하고 싶다. 그토록 원해서 얻은 그 직분을 가지고 그동안 얼마나 많이 자신을 희생하고 충성했는가를 돌아보아야 한다.

주님의 일을 한다는 명목으로 교회나 노회 더 나아가 총회에서 감투싸움하며 내가 맡은 영혼은 뒷전에 두고 노회와 총회 각종 단체나 기관에 기웃거려 한 자리라도 차지하려는 생각에서 어서 빨리 내 던지고 나와야 한다. 교회의 모든 직분은 낮은 자의 자세로 엎드려 섬기라고 주신 것이다.

교회 직분을 감투나 이권의 어떤 놀잇감으로 생각한다면 그 직분의 자리는 불법을 저지르는 어리석은 자리가 되고 마는 것이다.

(마7:22-23) "그 날에 많은 사람이 나더러 이르되 주여 주여 우리가 주의 이름으로 선지자 노릇하며 주의 이름으로 귀신을 쫓아내며 주의 이름으로 많은 권능을 행치 아니하였나이까 하리니 그 때에 내가 저희에게 밝히 말하되 내가 너희를 도무지 알지 못하니 불법을 행하는 자들아 내게서 떠나가라 하리라"

이제는 '사역장로'의 길을 찾아 나선 이야기를 나눠보고
자 한다.

겸손히 주를 섬길 때

―――

겸손히 주를 섬길 때 괴로운 일이 많으나
구주여 내게 힘 주사 잘 감당하게 하소서

인자한 말을 가지고 사람을 감화 시키며
갈길을 잃은 무리를 잘 인도하게 하소서

구주의 귀한 인내를 깨달아 알게 하시고
굳건한 믿음 주셔서 늘 승리하게 하소서

장래에 영광 비추사 소망이 되게 하시며
구주와 함께 살면서 참 평강 얻게 하소서(아멘)

장로의 직분으로 누려왔던
혜택을 토해내다

필자는 나름대로의 원칙을 정하여 자신의 유익을 위해 교회 재정을 낭비하지 않으려고 어느 누구보다 철저하게 지켜왔다고 자부했다. 그런데, 은퇴를 결단하고 자신을 점검하며 하나하나 준비하는 시점에서 이 음성이 내 양심의 가슴을 매친다.

"너는 그런 말 할 자격이 없다. 그동안 네가 장로라는 직분으로 교회에서 누려왔던 것들을 떠올려 생각해 봐라"

그래서 곰곰히 생각해 보았다. 정말 그렇다. 나는 그동안 장로라는 직책 아래 많은 혜택을 누려왔던 것이다. 조목조목 떠올리게 만들었다. 나는 그 누구보다도 하나님 앞에 교회의 재정사용만큼은 깨끗하다고 생각했었는데 이런 엄청난 재정적 혜택을 누려왔다니, 이게 웬 말인가! 두렵고 떨리며 부끄러웠다.

그중 한 가지를 고백하자면 장로 부부에게 그동안 교회에서 장로가 되기까지 충성하였으니 은퇴 기념 선물의 명목으로 늙어 여행하기 힘들기 전에 미리 성지순례를 다녀오게 하는 관례이다. 사실, 난 그때까지 성지순례를 다녀오지 않았기에 가고도 싶었다. 그래서 우리 부부도 가기로 하고 대신, '자비로 가겠다'고 담당 장로에게 말했더니 "**그동안 그렇게 모두가 다녀왔는데 배장로만 자비로 가면 다른 장로님들의 입장이 그러니 안 된다**"고 하기에 그냥 묵인하고 다녀오게 되었던 것이다.

이처럼, 내 의지와는 상관없는 것들의 내용이었지만 나 자신을 위해 교회의 재정적 혜택을 받아 누려 왔던 것은 부인할 수 없는 사실이다. 자의든 타의든 죄는 죄인 것이고 잘못은 잘못이다.

재정을 축내게 된 금액을 항목마다 소상히 밝힐 수는 없지만 제법 큰 액수의 혜택을 받아 자신의 유익을 위해 교회 재정을 낭비하게 되었다. 그 항목 대부분은 그동안 공적인 부분의 교회와 노회 활동(노회 총대비)에 필요한 교회의 묵인 하에 관행처럼 사용되었던 것이다.

나는 하나님께 회개하며 그동안 섬겨왔던 교회의 김인중 원로목사 후임이신 담임목사(김성겸 목사)에게 면담을 요청하고 찾아갔다. 이미 책을 통해 선언하고 약속 된 대로 그동안 섬기던 교회를 떠나는 마지막 주간이어서 어차피 담임목사님께 인사드릴 계획이 서 있었기 때문에 그 시간을 통해 찾아뵙게 된 것이다.

'목사님, 저는 그동안 교회에서의 재정사용만큼은 누구보다 깨끗하다고 스스로 생각했었는데 기도 중에 자꾸 양심에 걸리는 부분이 있습니다.' 하며 이러이러한 항목의 내용을 말씀해드렸고 그 액수에 해당하는 금액을 미리 준비해 담아둔 봉투를 건네 드렸다.

김성겸 담임목사님께서는,

"장로님께서 기도하시는 중에 양심에 불편을 느껴 결단한 것이니 받겠습니다."

그 순간 나는 마음이 가뿐해지며 날아갈 것만 같았다.
어찌 생각하면 관행처럼 지불되어온 그런 것쯤은 당연한 것으로 생각할 수도 있다. 하지만 '모르고 지은 죄도 죄다.' 그래서 주님은 나에게 그것을 묵인하지 않으시고 생각나게 하시고 ,양심의 불편을 갖게 하시어 토해 내게 만드신 것에 그저 감사할 뿐이다.

한 가지 더 고백할 것이 있다.

군 생활에서 군종병 시절, 드려진 헌금을 사리사욕을 위해 사용한 부분이 있다.

소개된 대로 필자는 군종병이 된 이후 오직 군종의 임무에만 전념하였다. 우리 대대에는 군종이 관리하며 섬기는 단독교회(**진격교회**)가 있었다. 삼일 밤, 주일 낮, 밤을 군종이 설교하게 되는데 가끔씩 세례식을 할 때면 주일 낮 예배는 군목이 대대를 순회하며 설교한다.

나는 매주 토요일에는 드려진 헌금으로 '남대문시장'에 들러 교회 강단 장식에 쓸 꽃을 사러 나간다. 그런데 교회에 필요한 물건만 사는 것은 아니다. 때론 그 헌금으로 다방에서 차도 마시고 당시 '남대문극장'에서 영화를 보는 등…. 당연시하게 아무런 생각 없이 나의 안락과 유익을 위해 써 왔다.

지금 생각해보면 끔찍한 일이다. 아간과 같은 죄를 범한 것이다. 우리 주님은 나에게 이런 것들을 생각나게 하셔서 회개하게 하셨다. 그리고 주님은 말로만 회개하지 않게 하시고 '그 돈을 뱉어 내어라' 하신다. 정확한 액수는 알 수 없지만 어림잡아 생각나는 금액이 있다. 나는 그 금액의 4배 이상에 해당하는 액수를 담아 감사헌금 명목으로 드리게 되었다.

이 책을 접하게 된 독자들도 필자와 같이 양심에 불편한 것이 있다면 주님의 십자가 보혈의 피 앞에 내려놓고 해결받기를 원한다.

바울사도는 고백하기를,

(행23:1b) "~ 오늘까지 나는 범사에 양심을 따라 하나님을 섬겼노라 하거늘"
(행24:16) "이것으로 말미암아 나도 하나님과 사람에 대하여 항상 양심에 거리낌이 없기를 힘쓰나이다."

주 예수의 강림이

———

주예수의 강림이 가까우니 저천국을 얻을자 회개하라
주성령도 너희를 부르시고 뭇천사도 나와서 영접하네

주예수님 너희를 찾으시니 왜의심을 하면서 오지않나
온세상죄 담당한 어린양은 죄많은자 불러서 구원하네

이세상이 즐기는 재물로는 네근심과 고초를 못면하리
또숨질때 위로를 못얻으며 저천국에 갈길도 못찾으리

내아버지 주시는 생명양식 다배불리 먹고서 영생하라
곧의심을 버리고 주께오면 그한없는 자비를 힘입으리

04

사역장로 첫 시작

지난 25년 동안 섬기던 교회(안산동산교회: 김인중 원로목사, 김성겸 담임목사)를 떠나 첫 번째로 출석한 모 교회가 있다. 모두가 알만한 소위 말하는 초대형 교회이다. 이 교회를 찾은 몇 가지 이유가 있지만 그중에서 북한(통일)선교에 많은 관심을 가진 교회라고 들어왔기에 좀 더 북한선교를 배우기 위해 찾은 것이다.

나는 그동안 그 교회 담임목사님을 한 번도 직접 찾아뵙거나 대면한 적이 없었다. 그런데 필자가 일 년 정도 출석한 시점에 '통일선교국' 국장으로 임명이 되었다. 기라성 같은 중직자들도 많은데 이제 신입 교인을 그것도 담임목사님이 직접 임명하는 국장의 자리를 본인의 의견이나 대면 한 번도 없이 임명이 되어버린 것이다. 나는 이 교회의 인사시스템의 원칙이 궁금하게 생각하지 않을 수 없었다. 그래서 나는 중직자 한분에게 물었다. '이렇게 출석한지 1

년밖에 되지 않은 그리고 그 부서에서 섬겨온 경험도 없는 내가 국장으로 임명된 것이 타당한 것이냐'고 말이다.

그랬더니 "목사님이 직책을 임명한 것은 하나님이 주신 거나 마찬가지이니 그냥 순종만 하시면 됩니다." 이렇게 대답하는 것이다. 헐~

나는 하는 수 없이 순종하기로 하고 임명된 다음 주부터 그 부서의 전임자에게 업무 인수 작업에 들어갔다. 필자는 부족 하지만 그동안 수많은 직책을 맡아온 경험이 있기에 그리 어 렵게 느껴지진 않았고 별 어려움 없이 전수 받게 되었다.

이제는 실제적인 업무가 시작되었다. 소위 말하는 그동 안의 말도 많고 탈도 많았다는 사연들을 헤아릴 수 없이 듣게 되었다. 수십여 명의 탈북회원들의 명단을 받아 한 사람 한 사람을 파악하는데 꽤 많은 시간이 소요되었다. 또한, 매주 예배 후 한 시간씩 국장이 별도로 마련된 넓은 공간에서 예배와 모임을 인도하고 상담도 해야 한다. 주중 에는 임원들과 함께 심방을 가고 병문안도 가게 된다.

이렇게 하다보면 구구절절 사연도 많다. 모두가 생소한 것들과 새로운 정보들이다. 평소 알고 있는 '새터민가족'의 선입견과는 천양지차다. 어디로 튈지 모르는 럭비공과 같다.

그런데 여기에서 풀어야할 중요한 한 가지를 찾아내게 되었다.

그것은 바로 이들에게 진정 필요한 복음을 심어줘야 한다는 것을 놓치고 있는 것 같았다.

모두가 다 그런 것은 아니지만 이들은 그동안 여러 교회를 다녀오면서 교회를 통해 물량적인 것을 받은 것만 기억하고 있는 것이다.

어느 교회가 많은 것을 주느냐, 어느 교회가 더 낳은 대우를 해 주는가에 관심이 집중되어 있었다. 예를 들어 월 10만 원 주는 교회에 다니다가 20만 원 주는 교회가 있다면 뒤 돌아 보지 않고 그 교회로 간다는 얘기다. 게다가 식사제공은 물론 차를 픽업해서 운행해 주어야 하고 조금이라도 불편하면 안 된다. 이 밖에도 덕스럽지 않은 내용들이 많지만 소개하지는 않겠다.

이렇게 된 것은 일부 교회가 그들을 그렇게 돈으로 길들여 버린 것이다.

나는 이러한 부분에 대하여 어떠한 결단을 내려야할지 고민이 되었다. 우선, 돈이 지급되는 부분부터 차단해야겠다고 생각했다. 국장에게 주어진 시간에 말씀으로 먼저 설득하기 시작했다. 이렇게 말이다.

'교회는 구원받은 성도들이 예배하고 서로 섬기고 기도하며 성도간의 친밀한 교제를 나누기 위한 공동체입니다. 성도는 교회에 나와 주님께 드리러 오는 것이지 무언가를 받으러 나오는 곳이 아닙니다. 교회는 복음을 주고, 구원을 주고, 예수 피의 생명을 전하는 곳입니다. 예수님은 우리를 죄와 사망과 지옥의 저주에서 구원하시고 영생을 주시러 오셨습니다. 그 예수님을 믿는 우리는 그 은혜에 감사하여 "너희가 먹든지 마시든지 무엇을 하든지 다 하나님의 영광을 위하여 하라(고전10:31)"고 말씀하셨습니다.

이제부터 우리 통일선교국은 돈을 주는 일은 없을 것입니다. 정말, 돈이 필요해서, 돈이 없어서 살아가기 힘든 분이 계시다면 저에게 찾아오시어 직접 말씀해 주세요. 그리고 이제 돈을 주지 않으니 다른 교회에 가시겠다면 말리지 않겠습니다. 하지만, 분명한 것은 예수님은 돈을 주러 오시지 않았습니다. 우리를 살리시려 목숨을 버리시면서 까지 우리를 사랑하시어 우리에게 영생을 주시러 오셨습니다. "(막10:45)인자의 온 것은 섬김을 받으려함이 아니라 도리어 섬기려하고 자기 목숨을 많은 사람의 대속물로 주기위해 오심이라"

또한 돈이 여러분을 살리지 못합니다. 오히려 여러분을 더 깊은 수렁으로 빠뜨릴 수 있습니다. 그리고 여러분이 받는 돈은 교회에서 지원해 주는 것이 아닙니다. 그동안 섬겨왔던 국장이나 임원 개인의 호주머니에서 나온 것입니다. 돈으로 여러분을 불러 모으는 교회라면 가지 마십시오. 돈 몇 푼에 여러분이 팔려가다시피 한다면 여러분은 예수님을 영원히 만나지 못할 것입니다. 여러분 혼자 잘 먹고 잘 살려고 자유를 찾아 목숨 걸고 사선을 넘어 탈북해 오셨습니까! 두고 온 부모, 형제, 가족, 일가친척은 어쩌란 말인가요!

이제 여러분은 진정한 예수님을 경험하고 만나는 것에 목숨을 걸어야 합니다. 그리고 북에 두고 온 분들에게 예수 믿고 천국가게 만들어야하지 않나요?.' 이렇게 진지하고 애절하게 전했다.

새로운 국장에게 그동안 처음 들어본 말이어서인지 모두가 어리둥절하고 숙연한 표정이다. 적막감만 흐른다.

그런데 감사하게도 한사람도 돈을 주지 않으니 다른 교회에 가겠다는 회원은 아무도 없었다.

더 나아가 회비까지도 내자고 결의했다. 탈북자들에게 회비를 걷는다는 것은 교회를 다 떠나라는 것이나 마찬가지이다. 임원들과 회비를 걷는 부분에 대하여 의견을 나누게 되었는데 이구동성으로 "그렇게 되면 아마 다음 주부터 나오지 않겠다고 난리가 날걸요" 하지만 주님이 주신 마음이기에 나는 회원들을 설득했다.

'교회의 모든 기관은 다 회비가 있습니다. 이 회비로 각 기관을 운영하는데 사용합니다. 우리 통일선교회 회원들도 타 기관과 같이 당당하게 회비도 내고 후원, 찬조도 해서 그 자금으로 운영해 나가고 교회에 헌금도 합시다. 왜? 우리라고 특별한 대우를 받아야 됩니까! 그것이 바로 우리 회원들이 스스로 차별대우를 받게 되는 것이 됩니다. 오히려 우리 회원들이 다른 기관에 모범이 되어 보십시다. 월회비 금액은 부담되지 않도록 각자 자유로이 정하면 됩니다. 그리고 당부 드릴 것은 회비를 내기 싫으면 안 내셔도 됩니다. 대신 불평, 불만하거나 공동체를 분란 시키는 언행은 하지 마십시오' 이렇게 설파했다.

감사하게도 이것도 받아들여 회비담당 회계를 별도로 세워 회비를 걷기 시작했다. 사실, 탈북 새터민들은 돈이 그리 궁색하거나 힘들게 살아가지는 않는다. 건강만 하다면 어느 곳에든 우선하여 취직이 된다. 또한 회원들의 90% 이상은 서울과 수도권의 아파트에 살고 있다.

하지만 나는 한편으로는 감사했고 한편으로는 이제 이들에게 무엇으로 그 공허함을 채워줄까를 생각했다. 이들의 실생활에 무엇이 필요한 것인가를 먼저 섬겨온 임원들에게 물었다.

먼저 찹쌀이 물망에 올랐다. 왜냐하면 정부에서 보조해 주는 쌀은 일반 쌀보다 미질이 떨어져 미질을 높여 밥맛을 좋게 하기 위해서 찹쌀을 섞어서 먹는 것을 좋아한다고 한다.

나는 즉시 그 의견을 받아들여 '우리 회원들에게는 년중 무한리필로 찹쌀을 제공해 주겠다'고 선언했다. 그래서 통일선교국 사무실에는 항상 찹쌀을 비치해 두어 필요하면 언제든지 가져갈 수 있도록 한 것이다.

또한 나는 이들에게 전도의 경쟁을 유발하기 위해서 전

도시상 제도를 내 걸었다. 전도 시상의 차등의 세부 기준을 두었고 전도 왕에게는 금 5돈의 시상을 걸었다.

그리고 아이를 많이 낳는 회원에게 다산의 시상을 하겠다고 했다. 이것이 애국하는 길이고 생육하고 번성하라는 말씀이기 때문이라고 전했다. 당시 3명의 자녀를 가진 회원이 있었는데 하나를 더 가지게 되어 4째를 낳게 되었을 때 약속대로 100만 원을 별도로 시상했다. 물론 그가 시상 때문에 아이를 가진 것은 아니다. 지금은 5명이 되었다. 여기에 다 소개하긴 어렵지만 탈북자 중에서 그 누구보다 진정한 믿음을 가진 진주 같은 분이기도하다.

어느 회원은 금년 8월 '서울신학대학교' 신학과를 졸업하고 지금은 대학원 준비 중에 있고 미국에 선교 비전트립도 다녀왔다고 한다.

또한, 우연한 기회로 지난 추석 전 '에스더기도운동본부'에서 해마다 주최하는 '탈북민 초청 추석감사예배'에 우리 부부가 같이 참석하게 되었는데 그 자리에서 다시 만나게 된 당시 덤프트럭을 운전하였던 회원은 어느덧 선교사가 되어 예전의 모습은 온데간데없이 천사처럼 환한 얼굴로 변한 모습을 보았을 때 하나님의 일하심은 참으로 놀랍다는 사실을 새삼 느끼게 되었다.

이처럼, 탈북자들은 그 누구보다도 소중한 전도자의 마중물이다. 한국교회가 이들에게 관심을 가져야한다. 이들은 목숨도 두렵지 않고 사선을 넘은 기본이 잘 다져진 불굴의 용사들이다. 이들에게 진정한 복음이 심기어지면 일당 백 나아가 일당 천, 만 그 이상의 예수 피의 운반자, 복음의 수레, 바울사도처럼 그리스도께 드려지는 중매자로 사용될 수 있다.

(고후11:2) "내가 하나님의 열심으로 너희를 위하여 열심을 내노니 내가 너희를 정결한 처녀로 한 남편인 그리스도께 드리려고 중매함이로다"

이렇게 나는 이 교회에서 첫 '사역장로' 2년의 통일(북한) 선교국장의 임기를 마치고 새로운 다른 곳으로 '사역장로'의 발길을 옮겨 주셨다.
주님이 하셨습니다!

나 주를 멀리 떠났다

―――――

나 주를 멀리 떠났다 이제 옵니다
나 죄의 길에 시달려 주여 옵니다

그 귀한 세월 보내고 이제 옵니다
나 뉘우치는 눈물로 주여 옵니다

나 죄에 매여 고달파 이제 옵니다
주 크신 사랑 받고자 주여 옵니다

이 병든 맘을 고치려 이제 옵니다
큰 힘과 소망 바라고 주여 옵니다

나 바랄 것이 무언가 우리 주 예수
날 위해 돌아가심만 믿고 옵니다

후렴
나 이제 왔으니 내 집을 찾아
주여 나를 받으사 맞아 주소서

05

논을 밭으로,
밭을 교회 공동체로

'사역장로' 시작, 두 번째 교회이다.

파주는 산과 강 그리고 논, 밭으로 이루어진 비교적 넓은 시골 풍경의 도시이다.

시골에서 살려면 전, 답은 필수라고 할 수 있기에 나에게도 농업경영체등록(농지대장)이 필요했다. 그래서 나는 사무실 근처의 부동산에 들러 혹시 농사지을 땅이 있는지 들렀는데 마침 몇 일전 나온 논이 있다고 해서 들러보았다. 집과 사업장에서도 가깝고 300평 이상을 경작해야 경영체등록도 할 수 있는데 평수도 안성맞춤이다. 게다가 ㄷ자로 100평 정도의 논둑이 80센티 쯤 높이의 흙으로 쌓여 있는 좋은 땅이다. 나는 두말할 것도 없이 계약했다.

사업장 근처의 작은 교회에서 예배드리는 중에 목사님께서 설교시간에 우리교회가 그동안 바라고 기도해온 것이 있는데 그것은 바로 교회공동체가 함께 경작할 수 있는 땅을 갖는 것이라고 말씀하셨다.

나는 순간 감동이 왔다. 바로 며칠 전에 계약한 땅을 하나님께서 이 교회에서 경작할 수 있도록 하라고 주셨다는 생각을 하게 되었다. 나는 즉시로 예배를 마치고 이 땅을 드리겠다고 목사님께 말씀드렸더니 너무 좋아하셨다. 더구나 교회와 거리도 가까운 위치에 있어서 더욱 좋다고 하신다. 이제는 그 땅을 일구어 나가기 위해 계획도 세우고 어느새 "아나돗농장"이라 이름도 짓고 교회 공동체가 더욱 생기가 넘치기 시작했다.

또한 그 교회 집사님 한분이 교회에 땅이 있으면 매일 그 땅을 경작해 주시겠다고 해오셨단다. 그 집사님은 한때 잘 사는 분이었는데 술과 놀음으로 아파트도 넘어가고 있는 재산을 모두 탕진하여 폐인처럼 살아가다가 이 교회의 목사님을 만나 새롭게 변화되어 틈만 나면 교회에 나와 교회의 온갖 일을 도맡아 오고 계신 분이라고 한다.

그런데 내가 구입한 땅이 그동안 논농사만 경작해온 논이어서 교회공동체가 원하는 목적으로 사용되려면 밭농사를 해야 한다. 그러려면 성토를 해야 하는데 흙이 필요하다. 그런데 감사하게도 국유지로 되어있는 도로에 해당하는 둑을 까 내려서 논에 메꾸면 밭농사를 할 수 있겠다 판단하고 포크레인을 사용하여 둑의 흙을 논으로 깎아 옮기니 하루 만에 논이 밭으로 변해버렸다. 신기하게도 한 삽 정도의 흙이 남지도 모자라지도 않는 밭이 된 것이다. 500평의 논을 성토하려면 제법 상당한 흙을 받아야 하는데 하나님의 놀라우신 은혜로 한 대의 흙도 받지 않게 된 것이다.

게다가 둑을 깎아 내리니 500평의 땅이 600평이 넘는 땅으로 변해버렸다. 물론, 100평 정도의 국유지 도로에 해당하는 땅은 경작은 할 수 없지만 붙어 있는 땅 소유주가 개발되기 전까지는 통념적으로 사용할 수 있다고 한다.

어느덧 밭이 된 땅에 경작이 시작 된 것이다. 그 교회 목사님은 그 땅 이름을 "아나돗 농장"이라고 이름도 지어 주셨다. 그곳에서 기쁨과 즐거움이 회복되어 교회공동체의 가족이 새롭게 살아나는 "아나돗 농장"이 되기를 바라는 뜻이다.

(렘32:8) "여호와의 말씀같이 나의 숙부의 아들 하나멜이 시위대 뜰 안 내게로 와서 이르되 청하노니 너는 베냐민 땅 아나돗에 있는 나의 밭을 사라 기업의 상속권이 네게 있고 무를 권리가 네게 있으니 너를 위하여 사라 하는지라"

어느새 어린아이부터 어른에 이르기까지 참여하여 각자 경작할 구역을 정하고 푯말을 붙이고 씨앗과 묘목을 구입하여 심기 시작하여 물을 주고 풀도 뽑아 주니 꽃이 피고 열매가 맺히고 자기가 심어놓은 식물이 자란 것을 보고 들여다보며 모두가 즐겨한다. 금새 열매를 수확하여 부모님, 할머니, 할아버지, 친지, 주변 이웃에게 나눠드리며 행복해 한다. 이 모습을 하나님이 보실 때에도 얼마나 좋아하실까 생각해 보았다.

참고로 이 교회를 섬기시는 목사님은 어린이 아동 복지센터를 운영하고 계시는데 그 수입으로 지난 30년을 섬겨오셨다. 설교시간에 이렇게 말씀하신다. "지금까지 사례비 6만 원씩 주셔서 받아 왔는데 내년부터는 10만 원을 올려 월16만 원을 주시면 고맙겠다"고 하시면서 성도들에게 동의를 구하는 것이었다.

목사님의 제안에 모든 성도가 아멘으로 찬성하고 동의

해 주었다. 나는 귀를 의심했다. 지난 30년 동안 6만 원씩 받아 오신 것이 사실이란 말인가! 세상에 이런 교회, 이런 목사님이 계시는구나! 하고 말이다. 사실이었다. 그 교회 부임 초기부터 출석하신 권사님이 증인이다.

받아온 그 6만 원도 "목사가 사례비를 받지 않으면 성도들이 교만하다고 생각하실까 봐 받게 되었다"고 말씀하신다.

하나님께서는 부족하고 허물 많은 나에게 이런 교회를 보게 하셨고 이 교회가 그동안 기도하며 필요로 했던 땅을 드리게 하신 것에 한없이 감사할 뿐이다.

또한, 이 교회의 강대상 전면에 설치된 화면 스크린이 한쪽밖에 없다. 그리고 교회 화장실은 남, 여 구분이 없는 열악한 공동화장실이다. 그리 크지 않은 스크린이 한쪽밖에 없으니 고개가 한쪽으로만 쏠려 예배드리는데 반대편에 앉은 성도들에게는 불편하게 되고 화장실도 공용이니 불편하긴 마찬가지이다. 말할 것도 없이 이는 교회가 열악하여 생긴 현실이다. 성도의 한사람으로서 마음이 불편했다.

난 목사님께 말씀드리고 강대상 스크린 한 쪽과 남, 여
가 분리된 화장실을 설치하는데 섬기도록 은혜를 주셨다.
주님이 하셨습니다!

06

내가 찾은 연천 원당교회

'사역장로' 시작 세 번째 교회이다

내가 만난 원당교회는 소아시아 7개 교회 중 '서머나교회'를 연상케 한다.

"내가 네 환난과 궁핍을 아노니 실상은 네가 부요한 자니라"(계2:9)

우연히 인터넷에서 민통선을 검색하다가 눈에 들어온 교회다.

원당교회를 소개한 여러 기사를 찾아볼 수 있었다. 은혜롭고 흥미로운 내용들로 가득하다.

아내와 함께 탐방하기로 했다. 민통선 내에 있었던 교회라는 것에 마음이 끌렸기 때문이다.

원래, 2001년까지는 민통선에 속해 있었는데 해제되어 이제는 자유로이 임진강을 장남교로 건널 수 있게 되었다. 다리를 건너 얼마쯤 진입하다보면 개성↔서울의 화살표시

가 마음을 설레게 만든다. 남한과 북한을 가로지르는 느낌
이 들기 때문이다.

　교회에 도착해서 실제의 보습을 보니 정겹고 아름다운
전원교회의 모습이었다. 먼저 교회당 안을 가 보기로 했
다. 마치 기다렸다는 듯이 문이 열려져 있어 쉽게 들어갈
수 있었다.

　아담하고 예쁘게 잘 지어진 예배당 모습이다. 비록 짧
은 시간이었지만 마치 내가 출석하는 교회에 들어온 포근
한 느낌이었다. 밖에 나와 보니 왼쪽 편에 잘 다듬어진 넓
은 잔디마당이 눈에 들어온다. 어쩌면 이렇게 교회 한 켠
에 좋은 잔디밭을 만들어 놓았을까! 이곳에서 야외결혼식
등 여러 가지로 활용할 수 있겠다는 생각을 하게 된다.

　조금 더 나와 보니 오른편에 야외 예배당이 꾸며져 있고
회중석엔 의자가 아닌 돌이 놓여 있다.

　또한, 교회 옆을 지나는 제법 큰 농수로에 많은 물이 힘
있게 흐르고 있었다.

　비교적 넓은 대지 위에 이처럼 아름다운 교회가 있다니!

　원당교회를 소개한 기사 내용이 많기에 자세한 내용은
굳이 설명하지 않아도 될 것 같다.

우린 이번 주일부터 예배에 참여해 보기로 했다.

예배시작 30분쯤 도착했는데 성전 안에는 이미 여러 성도님들이 기도하고 계셨다. 찬양의 시간이다. 인도자의 일방적인 찬양곡이 아닌 성도들이 부르고 싶은 찬송을 신청받아 인도자가 재차 알려주는 방식이다. 연세가 많으신 분들이 많아서인지 신청 받은 찬송가 장수를 큰소리로 안내해 주신다.

이렇게 예배시작부터 끝까지 부르는 찬송가만 20곡쯤은 족히 되는 듯하다. 하지만 아주 짧은 시간에 부른 것 같다. 찬송을 부르는 내내 은혜가 넘친다. 이렇게 예배시간에 많은 찬송을 부르는 교회가 또 있을까!

목사님의 설교 또한 어느 설교자보다 은혜롭다. 평균연령 70이 넘는 성도들에 맞게 힘이 있고 명료하게 본문 말씀을 중심으로 모두가 이해하기 쉽게 전하신다. 그리고 예배의 진정성을 높이기 위함 인지는 모르지만 예배 순서(설교, 기도, 광고 제외) 거의 다 일어서서 드린다. 실제 예배드리는 마음과 경건성이 다르게 느껴진다.

그런데, 이 교회에 출석하여 첫 눈에 들어오는 것이 강단의 마이크다. 보통 마이크가 강대상 좌, 우 두 개가 있는데 한쪽만 있는 것이다. 게다가 설교 중간에 스피커가 직~직 하며 잡음이 들린다. 강단에서 설교를 전하시는 목사님에게 제일 비중 있게 생각하는 것이 있다면 엠프 시설이다.

난 이 문제를 해결하여 목사님 목회에 도움을 드려야겠다고 생각했다. 그래서 전에 섬기던 교회의 방송음향 전문가에게 의뢰하여 직접 찾아 오셔서 진단을 받아 해결하게 되었고 강단스피커와 무선 헤드마이크를 주문해서 목사님께 안겨 드렸다.

또한 아내가 이렇게 말한다. "교회 화장실에서 세면기에 물을 받아 사용하는데 물이 그대로 바닥에 흐르게 되어 특히 어르신들이 미끄러지거나 하면 위험하게 생겼다"고 한다. 나는 여자 화장실만 그러지는 않을 거라 생각하여 남자 화장실에 가 보았다. 역시 마찬가지였다. 배관시설이 전혀 되어있지 않은 것이다. 세상에! 그럼 지금까지 이런 상태에서 사용해 왔다는 말인가! 겨울에는 어떻게 사용했지? 궁금했다.

이제 화장실을 고쳐드려야겠다고 생각했다. 목사님에게 고쳐드려도 되는지 여쭤보았더니 화장실 상태를 다 알고 계셨다. 목사님은 샤워실도 필요하다고 말씀하셨다. "때론 교회를 탐방하러 오시는 교회나 방문객들이 숙식하기도 하는데 냉, 온수가 나오는 샤워실이 필요하다"고 하신다.

그래서 목사님이 아시는 곳이 있으시면 견적을 받아주시라고 했더니 마침 "교회 공사를 해 오신 분이 계시니 견적을 받아 주시겠다." 하여 견적 받은 대로 한 주간에 걸쳐 공사를 마무리하게 되었고 새 거울도 보충하여 걸어놓게 되니 한결 마음이 놓이게 되었다. .

이렇게 음향시설과 화장실을 보게 하신 하나님께 감사와 영광을 올려드린다. 주님이 하셨습니다!

이 교회에 언제까지 머물게 하실지 모르지만 주님이 허락하시는 날까지 부족하게나마 성도들과 함께 섬기며 '사역장로'의 길을 계속 걸어가려 한다.

보아라 즐거운 우리 집

———

보아라 즐거운 우리집 밝고도 거룩한 천국에
거룩한 백성들 거기서 영원히 영광에 살겠네

앞서간 우리의 친구들 광명한 그집에 올라가
거룩한 주님의 보좌앞 찬미로 영원히 즐기네

우리를 구하신 주님도 거룩한 그집에 계시니
우리도 이세상 떠날때 주님과 영원히 살겠네

우리의 일생이 끝나면 영원히 즐거운 곳에서
거룩한 아버지 모시고 기쁘고 즐겁게 살겠네

후렴
거기서 거기서 기쁘고 즐거운 집에서 거기서
거기서 거기서 기쁘고 즐겁게 살겠네 (아멘)

07

목사와 성도에게
좋은 기억으로 남는
장로가 되라

은퇴한 목사님들에게 종종 듣는 얘기가 있다.

"내가 은퇴하기까지 목회하는 동안 누구(장로, 집사, 권사, 성도..) 때
문에 목회에 큰 도움이 되어 목회를 잘 할 수 있게 되었고 누구(장로, 집
사, 권사, 성도..) 때문에 목회가 많이 힘들었다."

이렇게 말이다. 물론, 이 말은 목사와 성도에게 잘 보이
기 위함이 아니라 직분을 감당하는 동안 좋은 기억에 남는
직분자가 되어야 한다는 말로 이해했으면 좋겠다. 사도바
울에게도 복음전도자의 사역을 감당하는 동안 좋은 기억
에 남는 수십여 명의 사람을 바울사도가 쓴 서신서의 고별
설교와 문안 인사에서 그 이름을 하나하나 기억하며 말하
고 있다.

그런데 그의 특징은 사역에 도움을 준 좋은 기억에 남

는 사람만을 소개하며 부탁했다는 점이다. 모르긴 해도 방해하고, 모함하고, 시기하고, 손해를 입히는 등, 도움을 준 사람보다 힘들게 한사람이 훨씬 더 많았겠지만 그 사람을 일일이 거명하여 말하지는 않았다.

　반면에 사도바울의 사역에 도움을 준 이름을 열거한 수많은 사람 중에 특별히 감옥의 옥바라지를 해준 '오네시모'에게 "그는 내 심복이라" 고 하면서 단 한 장으로 이루어진 빌레몬서의 서신서 거의 전체에 해당하는 분량을 그에 대한 감사의 말과 각별한 배려의 부탁으로 썼다.

　(몬1:8~22) " 이러므로 내가 그리스도 안에서 아주 담대하게 네게 마땅한 일로 명할 수도 있으나　도리어 사랑으로써 간구하노라 나이가 많은 나 바울은 지금 또 예수 그리스도를 위하여 갇힌 자 되어　갇힌 중에서 낳은 아들 오네시모 를 위하여 네게 간구하노라 그가 전에는 네게 무익하였으나 이제는 나와 네게 유익하므로　네게 그를 돌려보내노니 그는 내 심복이라 그를 내게 머물러 있게 하여 내 복음을 위하여 갇힌 중에서 네 대신 나를 섬기게 하고자 하나　다만 네 승낙이 없이는 내가 아무것도 하기를 원하지 아니하노니 이는 너의 선한 일이 억지 같이 되지 아니하고 자의로 되게 하려 함이라 아마 그가 잠시 떠나게 된 것은 너로 하여금 그를 영원히 두게 함이리니 이 후로는 종과 같이 대하지 아니하고 종 이상으로 곧 사랑 받는 형제로 둘 자라 내게 특별히 그러하거든 하물며 육신과 주 안에서 상관된 네게랴　그러므로 네가 나를 동역자로 알진대 그를 영접하기를 내게 하듯 하고 그가 만일 네게 불의를 하였거나 네

게 빚진 것이 있으면 그것을 내 앞으로 계산하라 나 바울이 친필로 쓰노니 내가 갚으려니와 네가 이 외에 네 자신이 내게 빚진 것은 내가 말하지 아니하노라 오 형제여 나로 주 안에서 너로 말미암아 기쁨을 얻게 하고 내 마음이 그리스도 안에서 평안하게 하라 나는 네가 순종할 것을 확신하므로 네게 썼노니 네가 내가 말한 것보다 더 행할 줄을 아노라 오직 너는 나를 위하여 숙소를 마련하라 너희 기도로 내가 너희에게 나아갈 수 있기를 바라노라"

시무장로 시절, 부족한 나에게 교회의 관리국장이란 직책을 주님이 맡겨 주셨다. 당시 관리국은 교회시설물을 유지, 보수, 관리하고 교회 소유의 차량, 사택 등의 동산, 부동산을 관리하며 이에 따른 재정을 집행하는 일을 했다.

임기를 시작하며 집행할 항목들을 살피는 중 교회 사택 관리비가 눈에 들어 왔다. 당시 몇 개의 사택이 있었는데 담임목사 사택의 관리비 지출 내용이 보이질 않았다. 관리 직원에게 사택관리비에 대하여 여쭤보았더니 지금까지 담임목사의 사택관리비가 교회 재정에서 나간 적이 없다고 말하는 것이 아닌가! 이 대답을 듣고 나는 한동안 아무 말도 할 수 없었다. 왜냐하면 내가 알고, 보고, 자라온 상식으로는 이해가 되지 않았기 때문이다. 어릴 적부터 여러 교회를 섬겨오는 동안 담임교역자 사택관리비는 교회 재정에서 지출하는 것을 보아 알고 있었기에 당연히 지출되어온 것으로 생각했는데 이런 사실을 알고 보니 마음이 착잡했다.

그러면서 그동안 왜 이렇게 되었을까를 곰곰이 생각해 보았다.

개척자 김인중 전도사(현, **김인중 원로목사, 이재순 사모**) 시절에 어린 딸을 등에 업고 황무지와 같았던 안산의 어느 지하에서 둥지를 틀고 시작한 교회 였다. 그리고 초창기 장로님들 대부분은 젊은 전도사의 전도를 받아 교회를 섬기다가 장로가 되었고 교인들 역시도 대다수가 타 지역에 살다가 반월, 시화공단에 일자리를 찾아 취직하여 생업에 쉴 틈 없이 일하는 성도들로 구성되어 있었기에 목사님을 살피고 섬길 여가가 없었을 것이며 교회 행정이나 살림하는 경험이 부족했을 것이다.

담임목사님 역시, 오직 교회를 부흥시키는 일에만 불철주야 뛰고 달려온 것이다. 그 결과 성도 수는 해마다 폭발적으로 증가되어 몇 차례의 교회를 증축하여 짓고 또한 학교를 세우는 등 한국교계 역사상 전무후무한 역사들이 김인중 목사님을 사용하여 이루게 하셨던 것이다.

이제 교회가 성장하고 안정적인 단계에 이르렀으나 교회가 목회자를 잘 살펴 섬겨 드리지 못해 30년 가까이 지내오는 동안 사택관리비를 사모님이 직접 지불해 왔다고 하는 사실을 감지하지 못했다. 그도 그럴 것이 매월 청구되는 사택관리비 청구서가 사택에 날라 오게 되는데 그 청구서를 교회에서 지불해달라고 한 번도 가져오거나 말씀하지 않았다는 얘기가 된다. 아니, 누가 챙겨 납부해 주지 않는 한 그럴 수도 없다.

그래서 난 즉시 교회 관리 직원에게 이번 달 청구서부터 직접 챙기고 은행 납부도 될 수 있도록 아파트 관리소에 연락하여 처리하도록 하게하였다. 또한, 이 사실을 알리어 지금까지 챙겨드리지 못한 부분을 소급해서 해결해 드리자는 안건을 당회에 올려보려 했으나 30년이나 되는 금액이 엄청날 것이며 안 그래도 **"배 장로는 항상 담임목사 편에서만 일한다."**고 오해를 받곤 하는 입장에서 올려 보았자 '갑론을박' 분란이 될까 봐 그 부분은 주님께 맡기기로 했다.

여하튼, 이제부터는 사택관리비를 이렇게 처리하기로

한 사실을 교회 직원이 사모님에게 알렸더니

"아이고 지금까지 해온 일이고 더구나 관리비도 많이 나
오는데 죄송해서 어쩌라고…."

이것이 초창기부터 개척한 목회자의 특별한 사례이다.
이는 담임목사 가족의 희생의 비중이 성도들에 비하여 너
무 크다는 것이다. 손수 개척한 목회자의 희생으로 초 대
형교회를 이루어 놓은 좋은 환경과 시설에서 누리기만 하
려는 후임목사, 부교역자, 평신도 중직자와 성도들이 된다
면 과연 주님이 기뻐하시겠는가!

언젠가 김인중 원로목사님 사모님(이재순)이 이런 말씀을
하신 기억이 난다.

"삼십년 가까이 목회하는 동안 이런 대접을 받아보게 되다니…."

나는 당연히 해드렸어야 할 일을 **"대접 받았다"**고 표현하
시는 말을 듣고 교회와 담임사역자를 섬긴다는 장로의 한
사람으로 마음이 짠했다. 이것은 내가 한 것이 아니라 주
님이 보게 하시고 깨닫게 하셔서 실행에 옮긴 것뿐이다.

사도 요한에게도 좋은 기억에 남는 '가이오와 데메드리오'가 있었던 반면에 으뜸 되기만을 좋아하는 '디오드레베'가 있었던 것이다.

(요한3서1~12) "장로인 나는 사랑하는 가이오 곧 내가 참으로 사랑하는 자에게 편지하노라 사랑하는 자여 네 영혼이 잘됨 같이 네가 범사에 잘되고 강건하기를 내가 간구하노라3 형제들이 와서 네게 있는 진리를 증언하되 네가 진리 안에서 행한다 하니 내가 심히 기뻐하노라4 내가 내 자녀들이 진리 안에서 행한다 함을 듣는 것보다 더 기쁜 일이 없도다 사랑하는 자여 네가 무엇이든지 형제 곧 나그네 된 자들에게 행하는 것은 신실한 일이니6 그들이 교회 앞에서 너의 사랑을 증언하였느니라 네가 하나님께 합당하게 그들을 전송하면 좋으리로다7 이는 그들이 주의 이름을 위하여 나가서 이방인에게 아무 것도 받지 아니함이라 8 그러므로 우리가 이같은 자들을 영접하는 것이 마땅하니 이는 우리로 진리를 위하여 함께 일하는 자가 되게 하려 함이라 내가 두어 자를 교회에 썼으나 그들 중에 으뜸 되기를 좋아하는 디오드레베가 우리를 맞아들이지 아니하니10 그러므로 내가 가면 그 행한 일을 잊지 아니하리라 그가 악한 말로 우리를 비방하고도 오히려 부족하여 형제

들을 맞아들이지도 아니하고 맞아들이고자 하는 자를 금하여 교회에서 내쫓는도다 11 사랑하는 자여 악한 것을 본받지 말고 선한 것을 본받으라 선을 행하는 자는 하나님께 속하고 악을 행하는 자는 하나님을 뵈옵지 못하였느니라 12 데메드리오는 뭇 사람에게도 진리에게서도 증거를 받았으매 우리도 증언하노니 너는 우리의 증언이 참된 줄을 아느니라"

정치인들이 선거공약과 다짐에서 제일 많이 사용하는 말이 있다.

"만일 저를 뽑아 주신다면 여러분의 종, 머슴, 하인이 되겠습니다!"

하지만 막상 당선이 되면 그 당선자에게서 그런 모습은 찾아볼 수 없는 실망스런 정치인들이 많다. 교회 직분자에게서도 그러한 모습은 다르지 않다. 목사, 장로, 집사, 권사가 되기 전에는 '목숨까지도 아낌없이 드려 충성, 섬김, 헌신하겠다.'고 하나님과 사람 앞에 다짐하며 기도하였지만 막상 직분을 받게 되면 세상 정치인과 다를 바 없고 직분을 마치 높은 자리에 앉게 된 감투정도로 아는 직분자가 많다는 사실을 부인할 수 없다.

주님의 몸 된 교회의 직분은 두렵고 떨림으로 받아 '종, 머슴, 하인'과 같이 바짝 엎드려 겸손하게 주님과 교회를 위해 충성해야 한다. 모든 직분자는 처음에 가졌던 마음이 한결같아야 하고 말과 행동이 일치해야 한다는 말이다.

목회자의 좋은 기억에 남는 한국교회 장로와 성도들이 얼마나 될까 궁금하다.

겸손히 주를 섬길 때

겸손히 주를 섬길때 괴로운 일이 많으나
구주여 내게 힘주사 잘 감당하게 하소서

인자한 말을 가지고 사람을 감화시키며
갈 길을 잃은 무리를 잘 인도하게 하소서

구주의 귀한 인내를 깨달아 알게 하시고
굳건한 믿음 주셔서 늘 승리하게 하소서

장래의 영광 비추사 소망이 되게 하시며
구주와 함께 살면서 참 평강얻게 하소서 (아멘)

08

사역장로가 된 장로들

'시무장로' 직을 내려놓고 조기 은퇴한 많은 분의 장로님이 계실 거라 생각되지만 필자가 아는 몇 분의 '사역장로'를 소개하고 싶다.

■ 정재준 장로

정 장로님은 법무사 생활을 하면서 한 해에 무려 148명을 전도한 생활전도자이다. 2019년 조기 은퇴하시고 〈물맷돌복음연구소〉를 운영하면서 한결같이 전도에 매진하고 있는 '사역장로'다. 다윗에게 물맷돌 5개를 준비시켜 주셨듯이 전도비법 5가지를 체계적으로 정리하여 누구나 쉽게 전도할 수 있도록 한 것이 그가 개발한 〈물맷돌전도법〉이다.

복음전도를 위해 자신이 필요하다면 국내, 외를 막론하고 언제, 어디든 달려가 전도현장에서 스스로 터득한 〈물맷돌전도〉의 세미나, 컨퍼런스 등을 통해 그리스도인 모두 함께 전도의 동역자가 되어줄 것을 강조하며 하나님 나라의 확장을 위해 불철주야 그 사역에 충성을 다하고 있다.

■ 장경수 장로

장 장로님은 무속인 집안에서 태어나 예수님을 만나게 되었고, 일명 자장면 〈철가방〉에서 '17대 금배지'를 달았고, 다시 〈공돌이〉로 살아온 것이 그의 세상 직업 이력이다.

장 장로님의 어느 고백에서, "일당 8만 원의 비정규직 시절에 이웃 사람들이 국회의원을 지낸 사람이 어떻게 공장에서 일할 수 있느냐"고 하면서 빙그레 웃는다. 그러면 "예수님께서 직업에 귀천이 있다고 하신 적이 있나요" 라고 대답했다. 그리고 틈틈이 전도지 가방을 매고 노방전도를 나간다.

[출처] - 국민일보 [원본링크] - http://news.kmib.co.kr/article/view.asp?arcid=0003485498

또한, 그는 말하기를 "시무장로로 교회를 섬기는데 교회 직분이 계급이 된 것을 깨닫고 못생긴 나무가 그 산을 지키듯 나는 우리 교회에서 가장 못생긴 나무가 되겠다."고 하면서 시무장로를 조기 은퇴했다.

■ 박장환 장로

박 장로님은 새벽기도에 남다른 불을 집히는 분이다. 한결같은 그의 기도생활은 많은 사람에게 감동과 모본이 된다. 나아가 사업에도 열심을 다해 많은 물질도 얻었다.

언제부턴가, 전도하면서 자장면으로 섬기겠다고 하며 '중식조리사자격증'을 취득하였고 그 사역을 더욱 알차고 확실하게 감당하기 위하여 오래전부터 자장면 사역을 하시는 분을 찾아가 그 노하우를 전수받기 위해 열정을 다하고 있다.

또한, 특별 제작된 용달차에 자장면을 만들어낼 장비를 설치해 전국 어느 곳이든 순회하며 자장면으로 복음전도자의 삶을 사시겠다고 하신다. 그리고 박 장로님은 고백하기를 "생명 다하는 그날까지 그의 나라와 그의 의를 구하며 사는 것이 삶의 목적"이라고 말씀하신다. 그러면서 "아브라함처럼 자식들에게 믿음을 유산으로 물려주고 이웃과 세상에 본이 되는 '사역장로'가 되겠다."며 하나님과 사람 앞에 다짐하고 고백하고 계시는 박 장로님의 앞으로 사역이 무척이나 기대된다.

09

직분자의 최대 무기는 회개

모든 직분자는 그 사역을 감당하기에 앞서 회개가 선행되어야 한다. 내 안에 죄 보따리를 가지고 있으면 아무리 열심 다하여 충성한들 그 속에서는 어떤 능력과 역사도 나타날 수 없는 것이다. 날마다 예수십자가 보혈의 피 앞에 그 죄를 낱낱이 내어놓고 회개하여 씻어내야 한다.

침례(세례)요한과 예수님의 공생애 첫 음성은 **"회개하라 천국이 가까이 왔느니라"**이다.

(마3:1~2) "그 때에 세례요한이 이르러 유대광야에서 전파하여 말하되 회개하라 천국이 가까이 왔느니라 하였으니"
(마4:17) "이 때부터 예수께서 비로소 전파하여 이르시되 회개하라 천국이 가까이 왔느니라 하시더라"

죄란? '과녁에서 빗나갔다, 이탈했다, 하나님의 목적에서 벗어났다.'의 의미이다.

회개란? 하나님의 목적에서 벗어났음을 인식하여 철저히 잘못을 뉘우치고 죄악으로부터 벗어나 하나님의 목적 안으로 돌아오는 것을 말한다. 쉽게 말하자면 말씀에 불순종한 삶에서 순종하는 삶으로, 불경건한 삶에서 경건한 삶으로 그 방향을 100% 전환하는 것이다.

교회 강단에서는 날마다 '회개'를 부르짖어야 한다. '복 받으세요!'라는 말 대신, '회개 하세요!'가 먼저 흘러나와야 한다. 강단에서 설교 말씀 중에 제일 듣기 좋은 소리, 기쁘게 받아드려야 할 소리가 '회개하라'이어야 한다. 회개만이 망하지 않고 살 수 있는 길이 되기 때문이다.

주님은 강하게 말씀하셨다.

(계2:4~5) "너를 책망할 것이 있나니 너의 처음 사랑을 버렸느니라. 그러므로 어디서 떨어졌는지를 생각하고 회개하여 처음 행위를 가지라 만일 그리하지 아니하고 회개하지 아니하면 내가 네게 가서 네 촛대를 그 자리에서 옮기리라"
(눅13:3~5) "너희에게 이르노니 아니라 너희도 만일 회개하지 아니하면 다 이와 같이 망하리라 또 실로암에서 망대가 무너져 치어 죽은 열여덟 사람이 예루살렘에 거한 다른 모든 사람보다 죄가 더 있는 줄 아느냐 너희에게 이르노니 아니라 너희도 만일 회개하지 아니하면 다 이와 같이 망하리라"

철저한 회개만이 살길이다. 죄의 삯은 사망이기 때문에 살기위해서는 반드시 회개해야 한다.

'철저한 회개'란, 스스로 범한 모든 죄를 예수그리스도의 보혈의 피 앞에 죄의 보따리를 내려놓고 '낱낱이 회개하는 것'을 말한다. '두루뭉술'한 회개는 회개가 아니다.

(약2;10) "누구든지 온 율법을 지키다가 그 하나를 범하면 모두 범한 자가 되나니"

예를 들어 100가지 중 1가지를 어기면 모두 범한 것이 되는 것처럼, 100가지 죄악 중 1가지를 제외하고 회개하였다면 온전한 회개를 했다고 할 수 없게 되는 것이다. 죄는 회개 없이 저절로 소멸되지 않는다.

집안의 먼지도 그때그때 닦아내지 않으면 묵은 때로 남게 되고, 냉장고 안의 부패한 음식 하나가 냉장고 안을 온통 악취로 가득하게 한 다. 몸 안에 자리 잡은 작은 종양 하나를 방치하면 몸 안에 있는 장기 전체를 망가트리게 되어 결국 죽게 될 수도 있다.

마찬가지로 죄를 회개하지 않고 방치하면 죄가 무디어

져 죄를 죄로 여기지 않게 되고 죄를 합리화 하여 반복해서 짓는 그 죄로 인하여 결국은 영혼을 망하게 되는 것이다. 분수대에서 분수가 솟아오르듯이 평소 고요하기만 했던 분수대가 모터 스위치를 올리는 순간 수십, 수백 가닥의 분수물이 솟아오르듯이 회개의 기도를 시작할 때, 어디에서 그 많은 죄악들이 솟아나오고 생각나게 되는지 모른다. 진실된 회개의 기도를 드릴 때 그동안 잊고 있었던 죄가 낱낱이 기억나게 된다. 이는 회개할 때 성령께서 자신의 죄를 생각나게 하시는 것이다.

그러는 동안 드디어 죄의 바닥이 드러나게 되고 회개를 통해 예수그리스도로 새롭게 채워지게 되는 것을 경험하게 된다. 그 기쁨과 자유함은 회개를 경험한 사람만이 알 수 있는 것이다.   아무리 죄를 합리화시켜 변명하려해도 죄는 죄인 것이고, 그 죄는 남아있게 된다. 때문에 날마다 회개를 통하여 자신의 죄를 십자가 보혈의 피로 씻어내야 한다.

(행3:19-20) "그러므로 너희가 회개하고 돌이켜 너희 죄 없이 함을 받으라 이같이 하면 새롭게 되는 날이 주 앞으로부터 이를 것이요 또 주께서 너희를 위하여 그리스도 곧 예수를 보내시리니"

또한 세례요한과 예수님 그리고 제자들이 외치신 "회개하라 천국이 가까이 왔느니라"

여기에서의 회개는, '믿음을 수정하라!', '믿음에 대하여 잘못 생각하고, 오해하고 있는 것에서 돌이켜라' 그 말이다. 다시 말해서 '자신이 잘못 알고 있는 구원관을 새롭게 정립하라'는 것이다. 이것이 직분자가 사역을 감당할 가장 큰 무기이다.

(마22:29) "예수께서 대답하여 이르시되 너희가 성경도, 하나님의 능력도 알지 못하는 고로 오해하였도다" (막7:7) "사람의 계명으로 교훈을 삼아 가르치니 나를 헛되이 경배하는도다 하였느니라"

나 주를 멀리 떠났다

나 주를 멀리 떠났다 이제 옵니다
나 죄의 길에 시달려 주여 옵니다

그 귀한 세월 보내고 이제 옵니다
나 뉘우 치는 눈물로 주여 옵니다

나 죄에 매여 고달파 이제 옵니다
주 크신 사랑 받고자 주여 옵니다

이 병든 맘을 고치려 이제 옵니다
큰 힘과 소망 바라고 주여 옵니다

나 바랄 것이 무언가 우리 주 예수
날 위해 돌아가심만 믿고 옵니다

후렴
나 이제 왔으니 내 집을 찾아
주여 나를 받으사 맞아 주소서

거저 주라

01
아내와 심한 영적 전쟁을 치르다

(시편56:~57:)

"하나님이여 내게 은혜를 베푸소서 사람이 나를 삼키려고 종일 치며 압제하나이다 내 원수가 종일 나를 삼키려 하며 나를 교만하게 치는 자들이 많사오니 내가 두려워하는 날에는 내가 주를 의지하리이다 내가 하나님을 의지하고 그 말씀을 찬송하올지라 내가 하나님을 의지하였은즉 두려워하지 아니하리니 혈육을 가진 사람이 내게 어찌하리이까 그들이 종일 내 말을 곡해하며 나를 치는 그들의 모든 생각은 사악이라 그들이 내 생명을 엿보았던 것과 같이 또 모여 숨어 내 발자취를 지켜보나이다 그들이 악을 행하고야 안전하오리이까 하나님이여 분노하사 뭇 백성을 낮추소서 나의 유리함을 주께서 계수하셨사오니 나의 눈물을 주의 병에 담으소서 이것이 주의 책에 기록되지 아니하였나이까 내가 아뢰는 날에 내 원수들이 물러가리니 이것으로 하나님이 내 편이심을 내가 아나이다 내가 하나님을 의지하여 그의 말씀을 찬송하며 여호와를 의지하여 그의 말씀을 찬송하리이다 내가 하나님을 의지하였은즉 두려워하지 아니하리니 사람이 내게 어찌하리이까 하나님이여 내가 주께 서원함이 있사온즉 내가 감사제를 주께 드리니 주께서 내 생명을 사망에서 건지셨음이라 주께서 나로 하나님 앞, 생명의 빛에 다니게 하시려고 실족하지 아니하게 하지 아니하셨나이까 하나님이여 내게 은혜를 베푸소서 내게 은혜를 베푸소서 내 영혼이 주께로 피하되 주의 날개 그늘 아래에서 이 재

앙들이 지나기까지 피하리이다 내가 지존하신 하나님께 부르짖음이여
곧 나를 위하여 모든 것을 이루시는 하나님께로다 그가 하늘에서 보내사
나를 삼키려는 자의 비방에서 나를 구원하실지라 (셀라) 하나님이 그의
인자와 진리를 보내시리로다 내 영혼이 사자들 가운데에서 살며 내가 불
사르는 자들 중에 누웠으니 곧 사람의 아들들 중에라 그들의 이는 창과
화살이요 그들의 혀는 날카로운 칼 같도다 하나님이여 주는 하늘 위에
높이 들리시며 주의 영광이 온 세계 위에 높아지기를 원하나이다 그들
이 내 걸음을 막으려고 그물을 준비하였으니 내 영혼이 억울하도다 그들
이 내 앞에 웅덩이를 팠으나 자기들이 그 중에 빠졌도다 (셀라) 하나님이
여 내 마음이 확정되었고 내 마음이 확정되었사오니 내가 노래하고 내가
찬송하리이다 내 영광아 깰지어다 비파야, 수금아 깰지어다 내가 새벽을
깨우리로다 주여 내가 만민 중에서 주께 감사하오며 뭇 나라 중에서 주
를 찬송하리이다 무릇 주의 인자는 커서 하늘에 미치고 주의 진리는 궁
창에 이르나이다 하나님이여 주는 하늘 위에 높이 들리시며 주의 영광이
온 세계 위에 높아지기를 원하나이다"

내가 파주에 오게 된 여러 가지 동기가 있다. 앞서 언급
한대로 '사역장로' 그 중에서 '통일사역, 무료급식사역, 교
회개척사역' 이렇게 25여 년 전부터 주님이 나에게 품게
하여 주셨던 꿈을 실천하기 위해서였다.

하지만, 이러한 꿈을 실천하기 위해서 많은 희생의 대가
가 기다리고 있었다. 제일 큰 벽은 사랑하는 아내였다. 아
내는 지금까지 내가 하는 일에 반대하는 일은 거의 없었던

흔히 말하는 순종형의 사람이라고 해도 과언이 아니다.

그런데 꿈을 향해 나아가자는 나의 제안에 거센 항의가
시작된 것이다. "꼭 그렇게만 살아야 되나, 꿈을 가졌다고
반드시 실천해야만 하나, 그렇게 아는 사람 하나 없는 시
골스럽고 먼 곳에 가서 살아야만 하나, 정든 교회와 일가
친척을 떠나야만 하나, 정 가고 싶으면 나는 안산에 아파
트를 얻어줘라, 당신 혼자 가라…." 이런 식의 평소 아내답
지 않은 말만 쏟아 내는 것이다.

이런 말을 듣고 있는 나로서는 그저 죽을 것만 같았다.
가장 든든한 지원군이 되어 줄줄만 알았던 아내가 이런 말
만 하다니….

나는 아내가 원망스러웠다. 그렇다고 아내의 입장을 모
르는 것은 아니다. 환경 변화에 대한 두려움이 컸을 것이
다. 하지만 어느 날 갑자기 아내에게 이러한 꿈을 예기한
것이 아니고 무려 20여 년 전부터 예기해 왔고 '거저 주라'
책을 통해 온 성도들에게 선언했던 것이었고 아내의 마음
을 헤아려 수많은 설득도 해보았는데 도저히 먹혀들질 않
았다.

홀로되신 장모님을 모시고 살자는 제안도 했다. 타지인 지라 아는 사람 없으니 장모님이 계시면 위안이 될까 해서 였다. 아내에게 장모님 수발만 들어달라고 부탁도 해보았 다. 하지만 소용이 없었다. 밤새껏 누굴 만나서 예기하고 왔는지는 모르지만 입이 석자는 나와 있는 것 같았다. 그 도 그럴 것이 그 누구를 만난들 나의 지원군이 되어주진 않았을 것이다.

그래서 이제는 하는 수 없이 살고 있는 안산에 그냥 머무를 다른 방도를 찾아보기로 했다. 평생 살아보겠노라고 마련한 안산에서 제일 살기 편하다는 재개발된 아파트가 마련되어 있었기에 편하게 눌러 살기에는 딱 이다. 그런데 절벽과 암흑 같은 그저 답답한 마음 뿐, 아무런 희망도 의욕도 생기지 않는다. 이렇게 아내의 반대에 막혀 모든 꿈을 이대로 접으란 말인가! 하지만, 필자는 그 꿈을 포기하거나 기도를 중단하지는 않았다. 나는 기도했다. '주님! 요즘 제가 아내로 인해 너무 힘이 들고 아내도 힘들어 합니다. 주님이 나에게 주신 꿈이 아니라면 접게 하시고 주님이 허락하신 꿈이라면 갈 수 있도록 힘을 주세요. 나를 향한 주님의 뜻이 어디에 있나요? 가르쳐 주시고 알게 해 주세요 주님이 가라 하시면 갈 것이고 서라 하시면 서겠습니다.' 이렇게, 간절히 울고 또 울며 기도했다.

어느 날 꿈을 꾸게 되었다. 시편56~57편의 말씀으로 찾아와 주셨다. 다윗이 블레셋 인에게 잡힌 때와 사울을 피하여 굴에 있던 때의 심경을 묘사했는데 결국은 승리의 찬양시로 노래한 것이다. 어쩌면 나의 현 상황과 같은 꿈을 꾸게 되었는데 신기하게도 그날 아침 성경을 읽는 순서가 어젯밤 꿈에 주셨던 말씀을 읽게 된 것이다! 그리고 그 말씀으로 힘을 얻게 되니 답답한 마음이 순식간에 사라져 버렸고 이제는 그 어느 것도 두렵지 않았다. 주님께 모든 것을 맡겨버렸다.

그런데, 얼마쯤 지나니 아내의 마음에도 차츰 변화가 왔다. 감사하게도 따라 가겠다는 것이다. 나는 그것만으로도 아내가 고마웠다. 여기서 중요한 사실은 싸움을 붙여 분란을 가져오게 만들어 원하는 하나님의 일을 못하게 하는 전략은 원수 마귀가 꾸미는 것이기에 분별력을 가지고 속지 말아야 한다. 속지 않으려면 기도밖에 없다.

(롬8:28) "우리가 알거니와 하나님을 사랑하는 자 곧 그 뜻대로 부르심을 입은 자들에게는 모든 것이 합력하여 선을 이루느니라"

여기서 이렇게 아내와의 힘들었던 영적 전쟁은 우리 부부의 승리로 끝이 났다.

주님이 하셨습니다!!

내 진정 사모하는

내 진정 사모하는 친구가 되시는 주 예수님은 아름다워라
산 밑에 백합화요 빛나는 새벽별 주님 형언 할길 아주 없도다
내 맘이 아플 적에 큰 위로 되시며 나 외로울 때 좋은 친구라

내 맘의 모든 염려 이세상 고락도 주님 항상 같이 하여 주시고
시험을 당할 때에 악마의 계교를 즉시 물리치사 나를 지키네
온 세상 날 버려도 주 예수 안 버려 끝까지 나를 돌아보시니

내 맘을 다하여서 주님을 따르면 길이길이 나를 사랑하리니
물불이 두렵잖고 창검도 겁 없네 주는 높은 산성 내 방패시라
내 영혼 먹이시는 그 은혜 누리고 나 친히 주를 뵙기 원하네

후렴
주는 저산 밑에 백합 빛나는 새벽별
이 땅위에 비길 것이 없도다 (아멘)

02

백년가게에 선정되다

 어느 날 어느 공무원에게서 연락이 왔다. 중소벤처기업부에서 한 업종에 30년 이상 사업을 해 오신 분들을 대상으로 선정하게 되는 것이 있는데 그것은 바로 '백년가게'라는 것이다. 가나북스도 선정 대상이 될 수 있으니 서류 신청을 해 보라는 것이다. 나는 처음 들어보는 생소한 것이어서 선뜻 실감이 나질 않았다. '백년가게가 무슨 말인가요?' 라고 물었더니 "네, 백년가게는 한 업종에 30년 이상 성실하게 일해 오신 업체로 기업가 정신으로 사회에 공헌하고 모범적인 경영자로 평가 받은 그 기업이 백 년 동안 계승시켜 나아가길 바라는 뜻에서 나라에서 펼치는 시책"이라 한다.

 그러면서 서류심사 및 사업장 방문 심사가 있다고 한다. 필자는 이 부분에 별다른 관심이 없었고 더구나 서류심사에 따른 많은 서류가 필요하다고 하기에 여러 가지로 불편하다고 생각되어 우리 보다 해당이 되는 다른 업체가 있으면 거기를 해주라고 하면서 거절했던 것이다.

그런데 그 해당 공무원께서는 의아하다는 듯 "다른 분들은 받고 싶어도 해당이 되지 않거나 자격이 되질 않아 받지 못하는데 왜 안 받으시려고 하세요, 받아놓으면 사업에 도움이 되고 홍보도 해드리게 되니 신청해보세요 그리고 출판업계는 아직까지 받은 업체가 없기에 받게 되면 가나북스가 처음이 될 거예요." 하며 오히려 담당 공무원이 적극적으로 권유를 하는 것이다.

이렇게 자의 반, 타의 반 우여곡절 끝에 서류심사와 현장실사를 통해 2020년 8월에 선정을 받게 되었다. 실제, 받고 보니 소중함을 실감하게 된 것이다. '아! 그래서 그토록 받아보라고 한 것이었구나, 가나북스가 이렇게 업계 처음으로 인정받아 받게 되다니' 하고 말이다.

나는 그 공무원을 높이 평가하고 싶다. 어떠한 이권이나 편법을 동원하지 않고 냉정하고 철저하게 선정업체를 심사하는 것을 느꼈기 때문이다. 모든 공무원이 이러한 자세로 공무를 수행한다면 더 낳은 사회가 될 것이다. 고맙게

생각된다. 이것은 전적인 주님의 은혜이고 선하신 하나님
의 인도하심이었다.

03
꿈을 이룰
건물과 부지를 주시다

파주로 이전하게 된 여러 가지 이유 중 사업적인 요인으로는 파주에는 출판단지가 형성되어 있는 도시이기도하다. 38년간의 도서, 출판업을 해온 지금까지 단독으로 된 건물의 사업장을 소유하지 못했다. 단독건물을 지어 경영하기란 그리 쉽지 않다. 더구나 요즘 같이 어려운 상황에서는 더욱 그리하다.

사업장을 파주로 이전하는 것을 계획하였기에 우선 임차할 건물을 찾아 나섰다. 출판단지 근처를 부동산 중개사와 함께 10여 곳을 이틀에 걸쳐 샅샅이 살펴보았다. 하지만 마음에 드는 곳이 없었다. 지금의 사업장을 비어 주기로 약속을 하였기에 시간적 여유가 없어 어쩔 수 없이 그중 제일 마음에 드는 곳을 결정할 수밖에 없었다.

내일 다시 찾아와 그곳을 계약하기로 마음먹고 안산에

돌아오는 길에 문득 그동안 알고 지낸 부동산 권사님에게 허실삼아 전화해 보기로 했다. 사실, 이 부동산은 디엠지, 민통선 전문부동산이기에 일반 부동산에는 그리 관심이 없는 중개사이다. 차 안에서 "권사님! 혹시 사무실 겸 창고할 건물이 나온 것이 있나요?" 라고 했더니 "네, 있어요." 내가 원하는 평수의 신축 건물이었다. 나는 곧바로 그곳 주소지만 알려달라고 하고 내일 직접 찾아가 보기로 하였다.

다음날 그곳으로 달려갔다. 보는 순간 너무도 마음에 들었다. 넓은 주차장, 튼튼하게 잘 지어진 건물 어느 것 하나 부족함이 없기에 당장 소유주를 만나 부동산 사무실에서 계약하게 되었다. 그런데 왠지 계약서를 쓰는 순간부터 그곳이 나의 것이라는 느낌이 들었다. 나는 속으로 '주님, 이 땅과 건물을 주세요.' 라고 중얼거렸다.

어느덧 1년 6개월이 흘렀다. 어느 날 내가 임차하고 있는 사무실과 땅을 중개 했다는 중개인이 찾아왔다. 이유인 즉 "이 땅과 건물을 살 생각이 없느냐"고 말이다. 그걸 말이라고 하느냐고 속으로 중얼거렸고 나는 '산다면야 좋지만은 자금이 문제지요'라고 대답했다. 중개인은 "제가 살 수 있도록 최대한 소유주를 설득해서 좋은 조건에 매입할 수 있도록 노력해 보겠다."고 말했다.

그 이후로도 틈만 나면 찾아와 그 방법을 나에게 말해주었다. 그런데 신기하리만큼 내가 원하고 생각했던 방법을 나에게 말해주는 것이 아닌가! 내가 먼저 말해야하는데 그 중개인이 나를 대신해서 말하고 있는 것이다. 나는 그저 그 중개인의 말을 듣고만 있으면 되었다.

어느덧 그 구체화 작업이 시작되었다.

그 중개인은 하루라도 빨리 계약을 진행하자는 것이다. 그런데 정작 계약금이 없었다. 수십억 원에 해당하는 계약금 10%만 해도 수억 원이 되는 것이다.

하지만 왠지 모르게 계약을 저질러야겠다는 생각이 들었다. 사람의 상식으로는 이해하기 어렵겠지만 주님이 책임져 주실 거라는 믿음의 확신을 갖게 된 것이다. 계약일을 한 달 정도의 기간을 정해 놓고 구체적인 계약 사항을 만들었다. 계약사항의 요점은 〈계약금 10%에 중도금과 잔금은 3년 분할상환〉 방식이다. 일반적인 거래방식과는 차별화된 이해하기 어려운 거래이다. 부동산중개인의 말에 의하면 "법무사에 계약서를 보여줬더니 법무사 생활동안 이런 거래는 처음"이라는 것이다.

　이제는 계약 일에 약속을 이행해야 하는데 수억 원의 계약금을 마련하는 일만 남았다. 수중에 돈이 없으니 내가 할 수 있는 것은 기도밖에 없어 기도했다. '주님이 주실 거라는 믿음을 갖게 하셨으니 주님이 책임 져 주세요 저는 돈이 없어요.'라고 말이다.

　사실, 나는 이렇게 기도를 하면서도 그동안 알게 된 모 은행의 지점장이 퇴직하고 금융계통의 일을 하고 있으니 자금이 필요하면 연락하라는 말을 나눈 적이 있기에 연락하니 그 지점장의 안내로 찾아온 직원이 필요한 돈을 책임지고 마련해 주겠다고 장담했기에 믿는 구석이 있었고 이 또한 하나님께서 예비해 주신 것이라 생각하여 거기에 인간적인 기대를 하고 있었던 것이다.

　그런데 계약일 2주정도 남겨놓고 그 지점장이 보낸 직원에게서 원하는 자금을 지원해 드리기 어렵다는 청천벽력과 같은 연락이 왔다. 그렇게도 장담했던 직원이 원망스러웠다. 그야말로 풍전등화와 같은 상황이 전개되는 것이다.

이제는 모든 것이 끝나버린 것만 같았다. 하지만 주님은
지켜보고 계셨고 일하고 계셨다. 이 짧은 과정을 하나하나
언급하기 어렵지만 결론부터 말하자면 믿고 기도한대로
하나님이 책임져 주셨다. 그것도 남에게 구걸하거나 도움
한 푼 받은 것이 아닌, 가지고 있는 것 중에서 내가 알지
못한 하나하나(수취어음, 보험, 공제, 주식…)를 찾아내게 하셨다.

흔히 간증하시는 분들이 간증하기를 "꿈에 무언가를 보
여 주셨다 든지, 갑자기 어느 누가 돈을 들고 찾아 왔느니,
어느 날 누군가에게서 돈이 필요하지 않느냐고 물어왔다
는" 등의 방법으로 인도해 주셨다는 간증을 들어왔기에 나
에게도 또한, 그렇게 역사가 일어날까 하고 약간의 인간적
인 기대를 한 것은 사실이다. 그런데 나에게는 그렇게 역
사하지 않으셨다.

나는 사업을 긴 세월동안 해온 터라 은행에 가면 이것저
것 들어놓으라는 상품들을 안내 받아 몇 곳의 은행에 적립
해 둔 것이 있었다. 까마득히 잊고 있었던 것들을 다급한
상황에서 인터넷뱅킹을 검색하다 발견한 것이다. 주님은
나에게 이러한 것들을 처분하고 정리하게 만들어 주셨다.

또한 그동안 필자는 주식하는 것을 부정한 나머지 하지 않았는데 그 마음이 변하여 불과 일 년 전부터 주식을 경험하고 싶어서 호기심으로 시작 했었다. 하지만 경험이 없기에 손실만 하게 되었을 뿐 아무런 유익이 없었고 마음이 편하지 않았다. 왜냐하면 내가 산 주식이 오르면 상대적으로 누군가가 손해를 보았다는 것이기 때문이다.

이제는 어쩔 수 없이 손실이 너무 커 팔지 않고 오르기만을 기다리며 가지고만 있었던 주식을 처분할 수밖에 없게 된 것이다.

이처럼 이번 일로 마음에 거리낌이 있었던 모든 것을 정리하도록 하셨다. 그리고 나는 앞으로 주식은 하지 않겠다고 다짐했고 땀 흘려 열심히 일해서 돈을 벌겠다고 다짐하게 되었다. 사실, 가상화폐 코인도 시작해볼 생각이었는데 이것 역시 이번 일을 계기로 그 생각을 접게 만들어 주셨다. 분명 자금이 다른 곳에서 마련이 되었다면 이러한 결단은 결코 하지 않았을 것이다.

이것으로 다가 아니었다. 주님께서는 이 토지와 건물에 엄청난 일을 계획하고 계셨고 25년 전에 꿈꿔왔던 일들(통일, 무료급식, 교회개척)을 단번에 이곳 한 곳에서 실행되도록 준비하시고 계셨다는 사실이다. 더구나 2023년 말까지 토목 및 기반시설 완공을 목표로 파평산업단지(13만여 평)가 바로 뒷 근거리에 들어서게 되는 것이다.

게다가 산업단지의 진입로가 사업장 옆으로 계획되어 있다고 한다. 원래는 매입하기로 한 땅을 지나기 300m 앞 방향으로 진입로가 만들어지게 되었는데 정확한 이유는 모르지만 종전에 결정되어진 그 계획이 내가 계약한 토지를 끼고 지나는 지점으로 변경된 것이다. 또한, 근처에 미군이 전쟁 당시 지은 유일한 다리인 '리비교'를 다시 건설하고 있는데 지금은 거의 완공 단계에 있다. 이곳은 관광지로 만들 계획을 갖고 있다는 것이다. 이처럼, 필자가 구입한 부지를 중앙에 두고 매일 엄청난 일들이 벌어지고 공사가 한창 진행되고 있는 것을 눈으로 보며 살아가고 있다.

이처럼, 하나님께서는 꿈을 심게 하시더니 그 꿈을 이루게 하실 터전을 준비시켜 주셨다는 생각을 하지 않을 수 없다. 필자는 단지, 이 장소가 돈을 벌기 위한 수단으로서의 공간으로 사용하고 싶은 생각은 없다. 오직 하나님 나라와 공동의 유익, 주님의 영광을 드러내기 위한 터전으로 사용하게 해달라고 기도하고 있을 뿐이다.

이 공간을 활용할 우선순위를 정해보라 한다면,

1. 교회 설립
2. 각종 센터(디엠지, 북한사역, 통일, 문화, 은퇴목사 쉼터 및 글쓰기..)
3. 무료급식소

하지만 앞으로 주님께서 허락하여 주신 이 공간을 통하여 우리 하나님께서 어떻게 일하실지를 기대하며 이끄시는 대로 순종할 뿐이다.

"일을 행하시는 여호와 그 일을 지어 성취하시는 여호와 그 이름을 여호와라 하는 자가 이같이 이르노라 너는 내게 부르짖으라 내가 네게 응답하겠고 네가 알지 못하는 크고 비밀한 일을 네게 보이리라"(렘 33:2~3)

주 예수의 강림이

주예수의 강림이 가까우니 저천국을 얻을자 회개하라
주성령도 너희를 부르시고 뭇천사도 나와서 영접하네

주예수님 너희를 찾으시니 왜의심을 하면서 오지않나
온세상죄 담당한 어린양은 죄많은자 불러서 구원하네

이세상이 즐기는 재물로는 네근심과 고초를 못면하리
또숨질때 위로를 못얻으며 저천국에 갈길도 못찾으리

내아버지 주시는 생명양식 다배불리 먹고서 영생하라
곧의심을 버리고 주께오면 그한없는 자비를 힘입으리

어느 포장마차에서

개인 사업을 하는 사람에게는 시간에 쫓겨 때론 점심을 거르거나 간단한 것으로 요기를 하기도 한다.

어느 날도 시간을 놓쳐 늦은 점심에 요기나 할까 하고 포장마차에 들어갔다. 그곳에서 순대를 시켰다. 마침 주문한 순대가 나오려는 시점에 중학생 또래 여학생 3명이 내가 있는 포장마차로 들어왔다.

"뭘 먹을까?" 하며 떡볶이 3인분을 시키는 것이다. 각자돈을 호주머니에서 꺼내며 "순대도 먹고 싶은데 돈이 없어 못 먹겠다"고 귓속말로 중얼거린다. 그 사이에 내가 시킨순대가 나왔다. 그런데 나는 그 순대를 먹을 수가 없었다.

나는 그 학생들이 자존심 상하지 않게 하기 위해서 순간의 기질을 발휘하여 손목의 시계를 보며 '학생들, 내가 시간이 없어서 그런데 이 순대 방금 나온 건데 학생들이 먹어주면 안되겠느냐'고 물었더니 모두가 너무 좋아했다.

"아저씨, 감사해요, 잘 먹겠습니다. 그런데 아저씨는 누구세요?" 라고 묻는다.

'아, 아, 내가 시간이 급해서 말해줄 순 없고 대신 학생들, 예수 믿으면 좋겠다'는 말만 던지고 그냥 얼른 나와 버렸다.

사실은 너무 배가 고파 그 순대를 먹고 싶었지만 나에게도 그들 또래의 딸이 있었기에 딸 생각도 나고 해서 나 보다는 먼저 그들의 배 고픔을 채워주고 싶었던 것이다. 필자는 당시, 그 학생들을 전도하려는 생각은 1도 안했다.

그런데 하나님은 그들을 구원하시고자 하는 계획이 있으셨던 것이다. 나중에 안 사실이지만 나는 그 포장마차를 가끔씩 가는 단골이었기에 포장마차 주인이 내가 교회에 다니는 사람이라는 정도는 알고 있었고 그 포장마차 주인도 예수 믿는 분이셨다.

나의 관심사는 언제 누구를 만나든 상대방이 예수 믿는 사람인가 아닌가에 있다. 어느 날 그 포장마차에 들렀더니 그 주인이 말하기를 "그 학생들 중에 둘은 교회에 다니는데 한 학생이 나가질 않아 그 친구 둘이 그를 전도 대상자로 품고 기도하는 중이었고 바로 그 학생이 순대도 먹고 싶다는 학생이었는데 순대도 먹게 되었고 장로님께서 예수 믿으면 좋겠다는 말에 그날로 예수 믿기로 작정하게 되었고 안산의 모 교회 중등부 워십팀으로 열심히 섬기게 되었다"는 것이다.

이것은 분명 그 학생을 위해 그 누군가가 꾸준히 기도해온 결실이라 생각한다.

감사했다. 난, 단지 딸들 생각이 나서 먹는 걸 자제하고 그들을 먼저 먹이고 싶었고 더 나아가 순간 주님이 역사하셔서 내 속에 계신 예수를 주게 되었던 것이다. 이처럼, 거저 주는 것은 일상의 삶 속에서 내 안에 계신 예수를 주는 것이라고 말하고 싶다.

(행3;6)"베드로가 가로되 은과 금은 내게 없거니와 내게 있는 것으로 네게 주노니 곧 나사렛 예수 그리스도의 이름으로 걸으라 하고"

05
어느 기도원에서

 난, 가끔씩 시간이 허락 되는대로 기도원에 가곤 한다.

 기도원에 가는 이유는 시간의 여유가 생기면 나 자신을 세상에 놓지 않고 주님의 울타리 안에 있고 싶어서이다.

 넓은 초원 위에서 한가하게 풀을 뜯는 초식동물들이 그 동물 그룹 안에 있으면 안전하지만 더 좋은 것을 혼자만 먹어보려고 그 그룹을 이탈하게 되면 사자와 같은 육식동물이 그 이탈한 동물을 공격하여 삼키려 노려보고 있기에 이탈한 동물이 그 먹잇감으로 희생되는 것처럼 말이다. 때문에 오랜 세월 기도가 쌓여진 기도원으로 발길을 옮기는 것이다.

 (벧전5:8) "근신하라 깨어라 너희 대적 마귀가 우는 사자 같이 두루 다니며 삼킬 자를 찾나니"

아무튼, 점심시간이 되어 기도원 식권 매표소에서 식권을 사려는데 눈에 띄는 어느 한사람이 있었다. 남루한 차림의 힘없이 보이지만 체격은 건장한 남자분이다. 그런데 그분이 식권 매표소 앞에서 서성거리며 식권은 구매하지 않고 있기에,

'무슨 일 있으세요?' 라고 물으니

"저, 식권 한 장 구해줄 수 있어요"고 한다.

난, 즉시로 식권 매표 기계에 돈을 넣으니 식권과 거스름돈이 나와 식권과 거스름돈을 손에 꼭 쥐어 드리며 맛있게 드시라고 했더니 받아가지고 "감사하다"며 밝은 표정으로 식당에 들어가는 것이었다. 나도 이어서 식권을 구매해 아내와 함께 식당에 들어가서 식사를 했다. 난 그 남자분이 어디에서 식사하고 계시는지 궁금했다.

그분이 보였다. 식판에 밥과 반찬을 산더미처럼 많이 담아서 쉴 새 없이 드시고 계시는 모습이다. 세상에 얼마나 배가 고팠으면, 몇 끼나 굶었으면 저럴까를 생각하며 마음이 아련했다. 몹시도 배고팠던 나의 어린 시절이 생각났

다. 필자는 주님께서 나에게 그 분을 눈에 띄게 하셔서 작은 섬김을 하게 하신 것이 너무도 감사했다.

사실, 준다는 것은 아주 크고 거창한 것을 주는 것이 아니고 삶 속의 예수를 주는 것이고 하나님의 사랑을 나누는 것이다. 주변사람들을 돌아보고 살펴서 내 속에 있는 예수를 알리고 나누는 실천적 그리스도인이기를 소망한다.

(행20:35) "범사에 너희에게 모본을 보였노니 곧 이같이 수고하여 약한 사람들을 돕고 또 예수의 친히 말씀하신바 주는 것이 받는 것보다 복이 있다 하심을 기억하여야 할찌니라"

예수 나를 위하여

예수 나를 위하여 십자가를 질 때
세상 죄를 지시고 고초 당하셨네

십자가를 지심은 무슨 죄가 있나
저 무지한 사람들 메시야 죽였네

피와 같이 붉은 죄 없는 이가 없네
십자가의 공로로 눈과 같이되네

아름답다 예수여 나의 좋은 친구
예수 공로 아니면 영원 형벌받네

후렴
예수님 예수님 나의 죄 위하여
보배 피를 흘리니 죄인 받으소서 (아멘)

06
달력 값 3천 원입니다

어느 아파트 상가 지하의 작은 교회에 출석했다.

대부분의 교회들이 연말이 다가오면 벽걸이 카렌다를 제작하게 된다.

어느 날 내가 출석하게 된 교회도 미리 준비하는 것 같다. 그날 출석한 성도 수가 대략 20명쯤 되었다. 설교가 끝나고 광고시간에 광고하시기를,

"내년 우리교회 카렌다 50부를 제작하는데 1부당 3천 원이니 3천 원씩 가져오라"고 하신다.

나는 귀를 의심했다. 교회 달력을 제작하는데 카렌다 값을 가져오라고? 필자는 그 이유에 대하여 자세한 내용을 모른다. 하지만, 나름대로 생각해 보았다. 먼저는 내가 일년 동안 사용하는 우리교회 달력이니 내 몫은 지불하고 가져가야 한다는 것과 다른 하나는 카렌다를 제작할 예산이

없으니 각자 부담하자는 것으로 이해해 보았다.

그런데 그렇게 여유 있고 성숙한 느낌은 아니었다. 지금까지 이렇게 교회 월력 값을 걷거나 내라고 들어 본적은 없다. 아무리 작은 교회라도 성도들 집에 걸어둘 교회 달력 정도는 구입할 수는 있을 것이라고 본다. 필자는 어딘가 모르게 마음이 짠했다. 우리 주변의 교회들 중에 이런 교회들도 있구나! 하고 말이다.

주님께 죄송하고 부끄럽다는 회개가 저절로 나오지 않을 수가 없었다. 우리 그리스도인이라면 주변의 작은 교회와 소외되고, 가난하고, 병약하고, 그늘진 저들, 특히 가족이나 친족을 돌아볼 사명을 주셨다. 비록 이 교회에 출석은 하지 않지만 성도들이 일 년 동안 걸어두고 보게 될 이 교회 달력만큼은 해마다 책임져 보리라 결단해 본다.

주님께서 이런 교회들을 보게 하시고 깨닫게 하신 것에 감사했다.

주님이 하셨습니다!!

(딤전5:7~8) "네가 또한 이것을 명하여 그들로 책망 받을 것이 없게 하라 누구든지 자기 친족 특히 자기 가족을 돌아보지 아니하면 믿음을 배반한 자요 불신자보다 더 악한자니라"

인애하신 구세주여

인애하신 구세주여 내가 비오니
죄인 오라 하실 때에 날 부르소서

자비하신 보좌 앞에 꿇어 엎드려
자복하고 회개하니 믿음 주소서

주의 공로 의지하여 주께 가오니
상한 맘을 고치시고 구원 하소서

만복 근원 우리 주여 위로 하소서
우리 주와 같으신이 어디 있을까

후렴
주여 주여 내가 비오니
죄인 오라하실 때에 날 부르소서 (아멘)

07
한결같이 인도하시는
독대의 은혜

나에게 주님이 주시는 은혜 중의 은혜 한 가지를 소개한다면 주님과의 독대의 시간이다.

반복되는 일상 속의 첫 시간을 하나님께 드리는 독대의 시간이 나에게는 은혜중의 은혜이다. 필자는 회사 출근시간(09시) 보다 두 시간 정도 빠른 오전 7시 경에 회사에 도착한다. 도착하여 사무실의 이곳 저곳을 간단히 점검하면 30분정도 소요된다. 점검을 하고 나면 하나님께 예배드리는 시간이다.

먼저 예배를 방해받지 않기 위하여 핸드폰을 무음상태로 고정해 놓고 정해진 순서(기도 ⇨ 감사찬양 ⇨ 기도 ⇨ 찬송 ⇨ 성경읽기 ⇨ 마무리 기도 ⇨ 주기도)에 따라 예배한다. 이렇게 예배드리다 보면 어느새 정해진 시간이 지나고 직원들의 출근하는 소리가 들려온다.

이렇게 예배를 마치고 이제는 폰의 무음을 해제하고 일상의 업무를 시작하게 된다.

물론, 이 책을 읽는 독자들 중에서도 매일 주님과 만나는 시간을 갖는 분이 많이 계시리라 믿는다. 하지만, 여기에서 필자가 독자들에게 알려드리고자 하는 핵심이 있다.

그것은 주님과 독대하는 시간을 약속(20여 년 전)한 이후로 단 하루도 그 시간을 어기거나, 빠뜨리거나, 생략하게 만들지 않으셨고 또한, 몸이 아파서 결근하거나 예배를 드리지 못할 핑계거리를 삼을 어떠한 상황도 주어지지 않았다는 사실이다. 이처럼 주님께서는 그 약속을 한결같이 지킬 수 있도록 건강을 주셨고, 자동차 고장이나 사고 등 어떠한 방해 요인도 생기지 않았다.

하나님께 예배하고 하루의 업무를 시작하게 된 동기는 이렇다.

대부분 자영업을 하든, 직장인이든 주어진 일에 성실하고 열심을 다하게 된다. 나 역시도 그렇게 일해 왔다. 그런데 하루의 업무에 들어가거나 사람과 대화를 나누기 전,

먼저 오늘 하루를 허락하신 주님께 먼저 아뢰고 일을 시작하고 있느냐? 라고 스스로에게 질문하게 만드셨다.

이렇게 말이다.
'너는 네가 세상에서 성공하고, 원하는 것을 성취하고, 잘 살아보기 위해서는 그토록 열심을 다하는데 정작 하루의 주인 되시고 너의 생사화복을 주관하시는 하나님과의 만남의 시간은 없니?'

난, 이 질문에 아무런 대답을 할 수가 없었다. 그저 부끄러울 뿐이었다. 그래서 그 질문의 깨달음에 즉시 '그렇게 하겠습니다.' 하고 순종하게 된 것이 오늘까지 오게 된 동기이다.

이처럼, 나에게 하루 중 가장 소중하고 기쁜 시간은 하나님과 독대하는 시간이다.
주님이 하셨습니다!

(히13:8) "예수그리스도는 어제나 오늘이나 영원토록 동일하시니라"

08
안산동산고 탄생의
현장에 서게 하시다

지금의 안산동산고등학교가 들어선 정문 옆 지하실에
사무실 겸 창고를 임차해 놓았다. 당시에는 학교를 세우기
위해 산을 깎아 터를 만드는 작업이 한창 진행 중이었다.

그러던 어느 날 임차해 놓은 지하실로 초대 '교장, 교무,
행정실장'이라는 분들이 들어왔다.

요점은 **"동산고등학교 첫 신입생을 받을 장소가 필요해서 왔고 한
달 정도 소요되는데 이곳에서 신입생을 받게 해 달라"**는 것이다.

그래서 나는 아직 그곳을 확보만 해놓은 상태이고 마침
한 달 정도 후에 사용할 생각이었기에 흔쾌히 승낙해 주었
다. 그 후 며칠 후에 와 보니 바닥에 장판을 깨끗이 깔아
놓은 것이다. 그래서 난, 장판 값이 얼마냐고 물었더니 **"장
판 비용은 저희가 부담할 게요"** '아닙니다. 앞으로 저희가 계속 사용할

건데 제가 드릴 게요' 하고 그 비용을 지불해 드렸다. 그리고 한 달 사용료(전기, 화장실 사용료 포함)도 받지 않았다.

그런데 문제는 계속 되었다.

신입생 정원 624명 모집을 잘 마친 가운데 산을 깎아내고 바위의 발파작업 공사가 한창 진행 중에 있었다. 그 사이에 나는 지하 사무실로 이전하게 되었고 집도 그 건물 2층에 세를 얻어 왔다. 건물 주인은 3층에 살고 있었다.

그러던 어느 날 3층에 살고 있는 건물 주인이 찾아와 학교를 상대로 손해배상 청구를 하겠다는 것이다. 이유인즉, 산을 깎는 발파작업 때문에 자기의 건물에 금이 몇 곳에 가게 되었기 때문이란다.

그래서 밖에 같이 나가 보았다. 실재 금이 간 것은 맞다. 하지만 이 균열이 간 이유가 발파작업 때문인지, 아니면 시간이 흘러 건물이 자리 잡으면서 외벽 미장 처리한 부분이 균열이 생겼는지는 전문가의 진단이 없는 한 판단이 어려웠다.

이 분이 나를 찾아오게 된 것은 당시 내가 동산교회에 등록하여 출석하는 동산교회 교인이었기에 나를 통해 교회에 얘기해 주어 협상을 시도해 보려는 의도였을 것이다. 그때 그 건물의 1층에는 3칸의 상가로 나누어져 있었는데 모두 비어 있었다. 나는 순간 지혜가 떠올랐다. 그 건물주에게 '사장님, 이 건물은 학교가 들어서야 살게 되고 또한 임대도 나가게 되는 것이고 상가도 학교가 존재하는 한 학교의 도움을 받아야 점심때나 중간휴식 때 밖으로 내 보내주어야 학교 앞 가게에 나와서 물건도 구입하게 되지 않겠습니까!'

　'공연히 학교를 상대해서 민원을 제기해 본들 보상을 받으리라는 보장도 없으니 그냥 참고 조용히 계시는 것이 어떻겠느냐'고 물었더니 덩치가 크고 밝은 인상은 아니지만 순한 양같이 듣고만 있는 것이 아닌가! 이렇게 그 건물주의 마음은 진정하게 되었고 점포 3곳도 모두 들어서게 되었다.

　드디어 학교 공사가 완공되고 1학년 첫 신입생이 등교하기 시작했다.

그런데 나에게 섬길 거리가 생겼다. 당시 안산동산고등학교는 사립이어서 전국에 있는 모든 곳에서 오게 되었다. 안산에 있는 중학교에서 동산고에 지원원서를 써 주거나 들어올 생각을 하는 학생이 많지 않았다. 왜냐하면 돈 많은 기업에서 학교를 세우는 것도 아니고 대기업도 운영하기 힘든 고등학교를 일개 교회에서 운영한다는 것은 사람이 판단하기에는 불안할 뿐이기 때문이다. 중간에 학교 운영이 어려워 폐교 조치라도 내려지게 되면 고스란히 학생들이 피해를 보기 때문이다. 우여곡절 끝에 신입생은 채워졌지만 실력과 인성이 문제였다.

그것이 나에게까지 힘든 일이 생긴 것이다. 신입생 대부분이 실력은 바닥이고 일명, 노는 애들이 모인 것이다. 무엇보다 담배를 피우다 들어온 신입생이 아침 일찍 등교하기 전 나의 지하 사무실 계단 아래에서 일단 담배를 피우고 들어간다.

때문에 아침에 일하기 위해 지하실에 내려가 보면 담배꽁초가 바닥에 수북이 쌓여 있다. 난 어쩔 수 없이 자식 같은 애들이고, 내가 섬기는 교회에서 세운 학교이기에 묵묵히 담배꽁초를 쓸어 담는 일은 한달 정도 한 것 같다.

그런데 시간이 지나면서 담배꽁초 개수가 줄어들기 시작하더니 어느 날부턴가 보이지 않기 시작했다. 이렇게 된 것은 김인중 이사장 목사님께서 매일 인성교육과 더불어 신앙인격을 심어주기 위해 불타는 심정으로 때로는 이들 앞에서 눈물로 호소하며 뿌린 결과인 것이다.

그런데, 어느 날엔 폭우가 쏟아져 지하실에 하수가 역류되어 바닥에 물이 무릎까지 차게 되어 더 이상 그곳에서는 있을 수 없어 이제는 지하실에서 철수하여 학교 후문 1층으로 사업장을 옮기게 되었다.

하지만, 여기에서는 또 다른 일이 생겼다. 사업장 2층에 사는 분이다. 이분은 야간에 일하고 주간에는 집에서 잠을 자는 사람인데 갑자기 식칼을 들고 내려와 동산고 식당에서 일하는 사람을 다 죽여 버리겠다고 고함을 지르며 내려오는 소리가 들려왔다. 나는 얼른 그 분을 제지하고 왜 그러시느냐고 하며 사무실로 데려와 일단 진정을 시키고 이유를 물었더니 저녁부터 새벽까지 일하고 잠을 좀 자야 하는데 식당에서 식기, 그릇 닦는 소리에다 지들끼리 찬송가를 부르며 시끄럽게 해서 떠드는 소리에 도저히 잠을 잘 수 없다고 하는 것이다. 식당이 바로 1층 후문에 위치해 있었기에 소리가 바로 흘러나오게 된다.

그도 그럴 것이 처음 학교가 개교되어 교회가 세운 식당에 취직을 하게 되었으니 얼마나 감사하고 기쁘면 식기를 닦으면서도 즐거워 찬송을 큰 소리로 부르는 것이다. 하지만, 자신은 기쁘지만 모두에게 덕을 끼쳐야 하는 것이 믿음의 사람들이기에 이 부분에서는 배려가 조금 부족했던 것 같다.

여하간, 나는 그분의 말을 차분히 다 들어주고 순간의 지혜가 떠올라 그분에게 이렇게 말하였다. '사실, 나도 시끄러워 미칠 지경입니다. 그래서 진정을 낼 생각이었습니다. 안 그래도 찾아가려던 참이었어요, 오늘 내가 가서 담판을 지을 테니 아저씨는 들어가서 주무시라'고 말했더니 제발 그렇게 해주라고 하면서 가져왔던 칼을 공손히 들고 2층에 다시 올라가게 되었다.

나는 얼른 식당에 찾아가서

집사님들, 조용히 하시고 내말 좀 들어 보세요, 하며 조금 전 상황 설명을 해주었더니 모두가 동의해 주었고 오히려 알려줘 감사하고 그분에게 미안하다고 전해 주라고 한다. 이후에는 조용 조심하게 되었고 이렇게 그 상황은 종료되었다.

   이처럼 하나님은, 아직 개교도 하기 전이었지만 학교 근처에 파송시키시어 허물 많은 나를 쓰셔서 명문고로 자리잡게 된 안산동산고의 정문과 후문에서 방패막이로 사용해 주심에 감사했다. 주님이 하셨습니다!

09
잘 쓰는 부자가 되라

세계적인 부자들의 특징은 돈을 가치 있는 곳에 잘 쓴다. 다시 말하면 돈을 잘 쓰려고 번다. 그래서 통 큰 기부를 때에 따라 잘하고 죽을 때는 평생 번 돈을 사회에 환원하기도 한다.

어떤 이는 말한다. "돈을 모으려면 안 쓰면 된다."고 말이다. 나는 이 말에 동의하기 어렵다. 돈은 잘 쓰려고 모은다. 우물을 파는 것도 서로 나눠 마시기 위해서 판다. 내가 판 내 소유의 우물이라고 나만 마시기 위해서 자물쇠를 채워 달아놓으면 어찌되겠는가! 마찬가지로 돈은 잘 나눠 쓰려고 벌어야 한다. 번 돈으로 내 배만 채우는데 욕심을 가진다면 그 돈이 무슨 가치가 있겠는가!

때문에, 성경은 '부자와 거지 나사로의 비유'를 통하여 교훈하고 있는 것이다. 이는 부자들을 향한 경고의 메시지

이기도 하다.

(눅16:19~25) "한 부자가 있어 자색 옷과 고운 베옷을 입고 날마다 호화롭게 즐기더라 그런데 나사로라 이름하는 한 거지가 헌데 투성이로 그의 대문 앞에 버려진 채 그 부자의 상에서 떨어지는 것으로 배불리려 하매 심지어 개들이 와서 그 헌데를 핥더라 이에 그 거지가 죽어 천사들에게 받들려 아브라함의 품에 들어가고 부자도 죽어 장사되매 그가 음부에서 고통중에 눈을 들어 멀리 아브라함과 그의 품에 있는 나사로를 보고 불러 이르되 아버지 아브라함이여 나를 긍휼히 여기사 나사로를 보내어 그 손가락 끝에 물을 찍어 내 혀를 서늘하게 하소서 내가 이 불꽃 가운데서 괴로워하나이다 아브라함이 이르되 얘 너는 살았을 때에 좋은 것을 받았고 나사로는 고난을 받았으니 이것을 기억하라 이제 그는 여기서 위로를 받고 너는 괴로움을 받느니라"

여기서 오해하지 말아야할 것은 가난해서 아브라함의 품에 들어가고 부자여서 음부에 간 것이 아니라는 사실이다. 쉽게 말하자면 부자로 살면서 잘 쓰지 않아서이다. 부를 가지고 자신을 위해서는 폼 나는 옷을 입고 날마다 호위호식하며 호화롭게 즐기면서도 자기 집 문 앞에 있는 가난하고 병약한 거지를 방치하고 외면했다.

부자에게는 이 땅에 가난한 자, 병약한 자를 위해 있는 것이고 소외되고, 그늘진 자들에게 관심과 사랑으로 도와

줄 사명이 있는 것이다.

　(잠19:17) "가난한 자를 불쌍히 여기는 것은 여호와께 꾸어드리는 것
이니 그의 선행을 그에게 갚아 주리라" (잠28:27) "가난한 자를 구제하
는 자는 궁핍하지 아니하려니와 못 본체 하는 자에게는 저주가 크리라"

　하지만, 이 부자는 안타깝게도 거지 나사로를 홀대하
고 외면했다. 거지 나사로는 상처 난 병든 몸을 이끌고 목
숨을 유지하고 먹고 살기위해 최선의 방법으로 부자의 대
문 앞을 선택한 것이다. 이것이 그가 할 수 있는 본능적 선
택이었다. 그러면서 그는 그 부자의 집을 찾아오기 전 '헌
데 투성이의 옷을 새 옷으로 갈아 입혀 주지는 않을까, 상
처 난 부위에 약을 발라 고쳐 주지는 않을까, 저녁잠을 설
치고 새벽이슬을 맞아가며 대문 앞 생활을 하고 있는 그에
게 머슴이나 하인들이 머무는 어느 귀퉁이 한쪽이라도 거
처를 마련해 주지 않을까…' 등의 실낱같은 기대와 희망을
가졌을지도 모른다.

　그러나 그 거지 나사로는 대문 앞에 버려진 채, 부자가
먹다 남은 음식의 부스러기를 그것도 개들에게 빼앗기지
않으려고 경쟁하듯 주워 먹었을 것이다. 대문 앞에 버려졌

다는 것은 거지를 홀대하다 못해 욕설도 받았겠다는 생각
을 지울 수가 없다. 속된 표현이지만 '왜 저런 거지가 재수
없이 다른 곳이 아닌 우리 집 앞에 와서 귀찮게 하느냐'고
말이다.

그리고 여기에서 부자가 고백한 "아버지 아브라함이여!"라고
한 말을 상고해 보아야한다. 이 부자는 하나님을 알고 있
는 사람임에 분명하다. 그가 말한 이 고백은 아무나 쉽게
나올 수 있는 말이 아니다. 여기에 나오는 등장인물의 구
분을 '아버지아브라함(여호와하나님), 나사로(예수그리스도), 부자
(거짓 믿음을 가진 자)'라고 성경해설자들은 말하고 있다.

따라서 부자는 주님을 믿는다고는 하지만 세속과 정욕,
위선과 욕심으로 가득 차 있는 바로 우리의 삶을 지적하는
말씀이라고 하는 사실을 부인할 수 없다.

우리의 주변에 있는 약자를 돌아보지 못하는 것은 그 속
에 그리스도의 사랑이 없다는 말이다.

관심의 대상이 세상적 가치기준에 있다 보면 주변의 약
자에게 관심을 가질 수 없게 된다. 주어진 직분을 성경적
가치기준으로 시선을 돌리지 않으면 여기서 교훈하는

부에 간 부자와 같은 삶으로 전락하고 말 것이다. 다시 말하지만, 주님의 심판대 앞에서 받는 판결은 아주 공정하기에 살아있을 때 '노후대책'이 아닌 '사후대책'을 세워야 한다. 이것이 이 땅에서의 영적생활인 것이다.

(눅16:25) "아브라함이 이르되 얘 너는 살았을 때에 좋은 것을 받았고 나사로는 고난을 받았으니 이것을 기억하라 이제 그는 여기서 위로를 받고 너는 괴로움을 받느니라" (히9:27) "한번 죽는 것은 사람에게 정해진 것이요 그 후에는 심판이 있으리니" (약4:13~14) "들으라 너희 중에 말하기를 오늘이나 내일이나 우리가 아무 도시에 가서 거기서 일 년을 유하며 장사하여 이를 보리라 하는 자들아 내일 일을 너희가 알지 못하는도다. 너희 생명이 무엇이뇨 너희는 잠간 보이다가 없어지는 안개니라"

이미 언급했듯이 나의 첫 결혼생활은 보증금 200만 원에 월세 6만 원의 셋방살이로 시작했다. 열악한 결혼생활이었지만 시작과 동시에 선교사 한분의 후원을 시작으로 후원하는 곳과 그 금액은 해마다 증가했다. 그리고 기회 되는대로 어려운 이웃을 도우려고 했다.

무엇보다 배고픈 서러움이 크기에 결식아동에게 관심을 두었고 무료급식이 아니었던 때, 급식비를 내지 못하는 어린이들을 지원하기도 했다. 또한, 직접은 아니지만 서울

시청 앞에서 노숙자들을 섬기시는 사역자에게 정기적 후원금과 더불어 성경책, 성경 필사본을 후원해 드렸다. 나아가 노숙인, 무의탁노인, 결식자, 극빈자를 위해 무료식당을 지어 상시로 대접할 식당을 준비하고 있다.

현재 해외 선교사(북한, 중국, 일본, 태국, 캄보디아, 파푸아뉴기니, 인도네시아, 필리핀) 그리고 국내의 필요한 곳에 미약하게나마 후원하고 있다. 부끄럽지만 지금까지 소득의 십분의 일 정도는 외부에 지출된 것 같다.

필자는 돈을 저축하려고 애쓰지는 않았다. 사업에 필요한 적당한 자금을 제외하고는 필요에 따라 유용한 곳에 나눠 쓸 곳을 찾는다. 돈이 모아지면 반드시 쓸 곳이 생기게 마련인데 성경은 "더욱 믿음의 가정들에게 하라"고 말씀하신다.

(갈6:9~10) "우리가 선을 행하되 낙심하지 말찌니 피곤하지 아니하면 때가 이르매 거두리라 그러므로 우리는 기회 있는대로 모든 이에게 착한 일을 하되 더욱 믿음의 가정들에게 할찌니라"

또한 나는 단 한 번도 돈을 저축하거나 모아놓고 집과 사업장을 구해본 적이 없다. 그저 상황에 따라 집과 사업장이 필요하면 무작정 하나님께 구했다. 그리고 믿고 일을 저질렀다. 그런데 그럴 때마다 앞서 간증 했듯이 하나님이 책임져 주셨다. 또한 사업장은 한 번도 줄여서 이사해 본 적이 없다. 축소 이전이 아닌 8번의 확장 이전이었다.

(엡5:16-17) "세월을 아끼라 때가 악하니라 그러므로 어리석은 자가 되지 말고 오직 주의 뜻이 무엇인가 이해하라"

01
진정한 복

난 가끔씩 스스로 질문해 보는 것이 있다.

1. 지금까지 순교자 수가 북한 사람이 많을까?

    아니면 남한 사람이 많을까?

2. 천국백성이 된 사람이 남한이 많을까?

    북한이 많을까?

3. 남한에 태어난 사람이 복일까?

    북에서 태어난 사람이 복일까?

이렇게 말이다. 나름 생각해 보았다.

1번과 2번의 질문은 비교할 필요 없이 북한의 그리스도인들이다.

왜냐하면, 분단조국이 되어 북의 권력을 잡은 공산당이 제일 우선하여 시작한 것이 예수 믿는 사람들을 잡아 숙청하는 작업이었다. 먼저는 당시 평양의 3천개 교회를 불태우고, 무너뜨리고 예수 믿는 목사를 비롯하여 교회 직분자

(장로, 집사, 권사…)들을 중심으로 찾아내 그 자리에서 총, 칼로 죽였거나 정치범수용소, 포로수용소에 가둬 분리시키는 일이었으니 당연, 이런 일이 없는 남한보다 북한 땅에 있는 사람의 수가 많았을 것은 뻔하다.

게다가 수많은 세월이 흐르는 동안 김일성, 김정일의 우상화, 주체사상에 굴복하거나 머리 숙이지 않고 믿음 지키다가 순교하고 정치범수용소에서 고통당하고, 신음하다가 죽어간 믿음의 사람들의 수는 이루 헤아릴 수 없이 많았을 것이다. 더구나 북한의 평양은 동방의 예루살렘이라 불리었던 곳이니만큼 예수 믿는 사람이 훨씬 더 많았고 대부분 평양신학교에서 목회자들을 배출해 내었으니 북한에는 일직이 믿음의 기반이 다져진 곳이라 할 수 있다.

그렇다면 3번째 의문의 북에 태어난 것이 불행이고 남에 태어난 것이 행복일까? 이는 공의의 하나님만이 아신다. 하나님은 피조물 된 모든 인류에게 공평하시다. 주님이 인정하시는 행복이 진정한 복을 누리는 사람이다.

02
북한은 싸움의 대상이 아닌
통일의 대상

우리는 지구상 유일한 분단국가에 살고 있다. 나는 언제부턴가 통일에 대하여 관심을 가지게 되었다. 그래서 난 가끔씩 '통일전망대'와 '임진각', '태풍전망대'를 들러보기도 한다.

임진강을 사이에 두고 짧게는 불과 460m에 불과한 거리를 두고 초소를 만들어 놓고 한쪽은 북을 향해 다른 한쪽은 남을 향해 총구를 걸쳐 놓고 있는 모습을 보고 있노라면 어느새 눈가에 눈물이 맺힌다.

그리고 서로가 전쟁할 기세로 남, 북한의 화력을 서로 자랑한다. 누가 더 많은 무기를 가지고 있나 하고 말이다. 서로가 각종 무기를 개발하고, 남한은 미국과 공조해 사드를 배치하고, 북한은 많은 핵무기를 갖기 위해 핵실험을 강행하고, 잠수함을 늘리고, 엄청난 양의 화학무기를 보유

하고 있으며 각종 미사일을 쏘아 올린다.

이러한 것들이 과연 누구를 위한 것인가? 집안싸움은 결국, 서로 망하는 싸움이다. 남, 북이 싸우면 누가 좋아하겠는가! 집안 식구끼리 싸워 망하면 상대적으로 집밖의 사람이 어부지리가 된다. 싸움은 이기건 지건 상관없이 싸움 이후의 상처와 아픔은 우리가 지금까지도 겪어 왔
듯이 이루 말할 수 없다.

마찬가지로 교단과 교단, 교회와 교회, 성도와 성도들끼리 싸우면 상처만 남게 되고 결국, 세상 권세 잡은 사탄 마귀만 신나고 좋아하게 된다.

북한은 싸워야 할 대상이 아니라 품어야 할 대상이고, 복음 통일을 이뤄내야 할 대상이어야 한다. 통일을 꿈꾸었으면 품고 준비해야 한다. 통일은 희망사항이 아니라 반드시 이루어져야 한다. 외부의 물리적인 이권의 힘에 의한 통일은 진정한 통일이 될 수 없다.

통일은 저 북녘에 있는 동포들에게 불쌍한 마음만 가진다고 이루어지는 것이 아니라 하나님의 부르심으로 이루

어지는 것이고 부르심을 입어, 어느 땅에 머물던지 하나님과의 올바른 관계 안으로 들어가기 시작한 때에 주시는 하나님의 장래인 것이다.

또한 무력으로 점령하는 것은 더 큰 혼란만 초래하기 때문에 그리스도의 복음으로 점령해야 하고 말씀으로 정복해야 한다. 통일은 정치인의 손에 맡겨서는 복잡한 이념 갈등만 가져올 수 있다. 때문에 참된 기독교인에 의해 복음으로 통일을 이루어야 한다는 말이다. 통일은 하나의 개념이다. 남, 북으로 나누는 둘이 아닌 하나가 되는 것이다. 하나가 되는 길은 오직 복음밖에 없다. 복음은 '하나'의 정신이다. 화목 제물로 오신 예수님 한분이면 된다. 예수님 한분이면 서로 말이 통하고 생각이 통하여 마음이 하나가 되게 되는 것이다.

그러기 위해서는 이 시대에 준비 된 기독교 지도자가 절실히 필요하다. 하나님은 군중을 통해 일하시지 않으시고 군중 속에 한 사람을 통해서 역사를 이루어 가신다. 통일을 이루어내지 못한 책임은 전적으로 남한의 믿는 그리스도인에게 있다.

북한의 성도들의 질문하는 소리가 들려오는 것 같다.

"우리가 이렇게 꼬부랑 늙은이가 될 때까지 그동안 그리스도인 당신들은 우릴 위해 무얼 했느냐, 우리와는 비교할 수 없이 잘사는 삶을 살고 있으면서 우리의 배고프고 헐벗음을 걱정이나 해보았느냐, 당신들은 골목마다 교회가 있어 자유롭게 목청 높여 하나님을 마음껏 찬양하고 예배드리고 있지만 하나님! 예수님! 성령님! 이라고 큰소리로 불러보지 못하여 숨죽이며 눈물로 호소하고 있는 우리들의 심정을 당신들은 과연 얼마나 헤아려 보았느냐, 우리는 죄가 많고 못나서 북에서 살게 되었고, 당신들은 죄가 적고 잘나서 풍성한 남한 땅에 살게 되었느냐"고 말이다.

이러한 질문에 솔직히 할 말이 없다. 남한끼리도 하나가 되지 못하고 서로 갈기갈기 찢어져 싸우고만 있는데 언제 남북통일을 이루겠는가 말이다. 교회는 교회대로 세속에 물들어 하나님의 진노만을 기다리듯 죄악으로 향해 달려가고 있는데 무엇으로 그들을 품겠다는 말인가!

정치적 이권으로 탈북자만 양성하는 것은 결코 진정한 통일의 길이 될 수 없고 이념 갈등만 부추길 뿐이다.

'우리의 소원은 통일! 꿈에도 소원은 통일! 통일이여 어서 오라 통일이여 오라!' 고 '통일의 노래'를 불러 온지도 어언 칠십여 년이 흘렀다.

애절하게 통일의 노래만 부르고 있다면 무슨 소용이 있 겠는가!

진정한 통일의 준비는 물량 공세가 아니라 한 영혼이이 라도 복음으로 품고 섬겨드릴 준비가 되어 있어야 하고 지 식으로가 아닌 그들의 영혼을 맞아드릴 준비가 있어야 한 다. 그리고 복음이 심겨진 저들에게는 자립할 수 있도록 구제와 나눔도 필요한 것이다.

따라서 빵과 복음을 동시에 준비해 놓아야 한다. 당장 남아 있는 북한 성도 10여만 명을 위한 교회도 세워야 하 겠고 준비된 사역자도 필요하다. 그러기 위해서는 남한의 교회가 살아나야 하는데 한국 교회가 저들을 깨우기에는 너무나 힘이 없는 것 같다.

무엇으로 저들을 깨우고 수혈하겠다는 말인가! 어쩌면 진정한 수혈은 북한의 크리스천을 목회자와 목회 후보생 으로 만들어 그들이 간직하고 있는 복음의 순수한 피를 한 국 교회와 성도들에게 수혈하는 것이 최선이라 말할 수 있 을 것이다.

그리고 궁극적으로는 건강한 교회들이 그들을 먼저 끌

어안을 준비를 해야 한다. 왜냐하면 믿지 않는 북한 동포들을 타 종파나 각종 이단들의 먹이 사슬로 만들지 않아야 하기 때문이다. 저들에게 줄 빵과 복음을 들고 항상 준비되어 있어야 한다는 말이다. 통일을 준비하기 위해서는 먼저 땅부터 확보해야 하는데 이에 대한 힌트는 다음에 이어지는 내용에서 얻었으면 좋겠다.

03
통일 조국의 중심지가 될 연천 땅

나는 연천 사람도 아니고 친척이나 오랜 친분 있는 연고도 없다.

하지만 왠지 모르게 연천이 나를 부르는 것만 같고 자꾸만 연천을 향해가는 나의 마음을 주체할 수 없게 만든다. 마치 하나님께서 아브라함에게 "내가 네게 보여 줄 땅으로 가라"는 말씀과 같이 말이다.

(창12:1-5) "여호와께서 아브람에게 이르시되 너는 너의 본토 친척 아비 집을 떠나 내가 네게 지시할 땅으로 가라 내가 너로 큰 민족을 이루고 네게 복을 주어 네 이름을 창대케 하리니 너는 복의 근원이 될지라 너를 축복하는 자에게는 내가 복을 내리고 너를 저주하는 자에게는 내가 저주하리니 땅의 모든 족속이 너를 인하여 복을 얻을 것이니라 하신지라 이에 아브람이 여호와의 말씀을 좇아갔고 롯도 그와 함께 갔으며 아브람이 하란을 떠날 때에 그 나이 칠십 오세였더라 아브람이 그 아내 사래와 조카 롯과 하란에서 모은 모든 소유와 얻은 사람들을 이끌고 가나안 땅으로 가려고 떠나서 마침내 가나안 땅에 들어갔더라"

연천은 '38선 돌비'와 '6.25참전용사비', 신라 마지막 왕 '경순왕릉비'가 있는 곳이다.

그리고 노아 방주가 마지막 안착한 곳이 지금의 터키 동부, 이란 북부, 아르메니아 중서부 국경에 위치한 '아라랏' 산이다. 공교롭게도 '아라랏' 산은 북위 38도에 있다. 제2 차 세계대전이 끝나면서 미·소 양국이 북위 38도선을 경계로 한반도를 남과 북으로 나누어 점령한 군사분계선이다. 바로 그곳과 연결되는 곳이 우리의 '38도선'이다.

(창8:4) "일곱째 달 곧 그달 열이렛날에 방주가 '아라랏' 산에 머물렀으며"

이처럼 연천이 '38선'의 중심지에 있는 것은 결코 우연이 아니라는 것이다. 따라서 통일이 되면 한반도 역사적으로나 성경 역사를 보아도 통일 조국의 중심지는 최북단 연천 땅이 될 것은 분명하다고 생각하게 하는 이유인 것이다.

또한 세계 모든 문화와 문명의 중심지는 물을 생명 원으로 하고 있다.

(창2:10-14) "강이 에덴에서 흘러 나와 동산을 적시고 거기서부터 갈라져 네 근원이 되었으니 첫째의 이름은 비손이라 금이 있는 하윌라 온 땅을 둘렀으며 그 땅의 금은 순금이요 그 곳에는 베델리엄과 호마노도 있으며 둘째 강의 이름은 기혼이라 구스 온 땅을 둘렀고 셋째 강의 이름은 힛데겔이라 앗수르 동쪽으로 흘렀으며 넷째 강은 유브라데더라"

이처럼 에덴의 4대강 '비손강, 기혼강, 힛데겔강, 유브라데강'을 중심으로 '4대문명'(이집트, 메소포타미아, 인더스, 황하)을 이루게 된 것이다.

우리나라도 예외가 아니다. 동쪽으로는 두만강, 서쪽으로는 압록강, 북쪽으로는 송화강, 남쪽은 한강이 흐르고 있다. 남한은 한강을 중심으로 기적을 이루었고 북한은 평양을 가로질러 흐르는 대동강을 중심으로 이루어졌다.

한마디로 큰 도시가 형성되려면 큰 물줄기의 강이 있어야 한다. 그렇다면 통일 대한민국 중심부의 물줄기는 연천을 가로지르는 '임진강'과 '한탄강'이 될 것은 물 보듯 뻔하다.

지금은 남, 북한의 심장부 연천 땅을 끼고 흐르는 한탄강과 임진강은 소리 없이 울면서 통일의 날을 기다리며 흐

르고 있다. 때문에 '남토북수'의 땅 연천은 우리나라 흘러
간 역사 속의 중심지요. 세계가 주목 할 중심지요. 미래의
역사가 증명 할 우리나라 심장부 땅이 되는 것이다.

우리는 역사를 읽으면서 고려의 찬란했던 문화를 알 수
있다. 그러나 더 중요한 것은 "고려"라는 나라 이름이 지
금 전 세계가 부르는 "코리아"Korea로 부르게 되었다는
것이다.

이런 의미에서 생각해 볼 때에 신라의 마지막 왕 경순왕
의 왕릉이 연천에 있다는 것은 과거의 통일이 바로 지금의
통일이라는 뜻을 시사하고 있다. 따라서 연천 사람들은 과
거, 현재, 미래를 불문하고 하나의 조국 통일에 산다는 자
부심을 가지게 한다.

또한 언제나 역사는 정직하고 진실하다. 그리고 가장 위
대하고 정확한 진리의 교사가 바로 '역사'라고 말하는데
연천은 '역사의 진리'를 교훈으로 가지고 있다는 말이다.
바로 그것이 통일 조국이다. 우리 그리스도인은 세속적이
고 정욕적인 욕심을 떠나 모든 것을 영적인 시각에서 생각
하고 주님의 마음으로 바라보아야 한다.

04
생리대 공장을 짓고 싶어요

어느 날, 집에 들어오니 아내가 TV를 보며 펑펑 울고 있는 것이 아닌가! 얼굴이 눈물로 뒤범벅이 되었다. 난 왜 우느냐고 물었다. 아내가 대답하기를,

"북한의 여성들이 너무 불쌍해요, 매달 치르는 생리를 처리하기 위해 천으로 기워서 만든 기저귀, 그것도 몇 번을 재사용한 너무도 불결한 기저귀를 사용하는 모습을 보는데 같은 여성으로 너무 불쌍해서 그렇다"고 한다.

그러면서 아내는,
"통일이 되면 생리대 공장을 지어서 북한 여성들에게 마음껏 주고 싶다"고 말하는 것이다.

때문에 나는 그 때, 아내가 한 말이 생각이 나서 디엠지 땅 제1호로 '생리대공장부지'를 아내의 이름으로 구입하게 된 것이다. 여하간 하루속히 통일 조국이 되어서 세계 열

방을 향해 '복음의 전진기지, 구원의 방주'로서의 역할을 감당할 수 있는 나라가 우리 대한민국이기를 간절히 소원하며 기도해야 한다.

더불어 보화와 같은 디엠지와 민통선의 땅에 우리 기독교인과 교회가 관심을 가져야 한다고 생각한다. 반드시 다가 올 통일을 준비하기 위해서 말이다. 하나님께서는 12지파에게 '금은보화'를 나눠 주지 않으시고 먼저 땅을 분배해 주셨다.

흔히 말하는 '땅땅 거리고 산다.'는 말은 땅이 있어야 한다는 말이다. 땅이 있어야 소산물을 얻을 수 있고, 땅이 있어야 예배드릴 수 있는 교회를 지을 수 있고, 땅이 있어야 집을 지어 북한의 한 가족이라도 품을 수 있고, 각종 원하는 건축물을 지을 수 있다.

그래서 난 허락되는 한 닥치는 대로 특히, DMZ 땅을 묻지 마 식으로 사들였다. 처음엔 DMZ는 매매가 되지 않는 것으로 알았다. 그런데 직접 가볼 수는 없지만 소유권 이전은 된다. 맨 처음 사들인 땅이 고랑포 옛 화신백화점 주변의 생리대 공장을 지을 땅을 구입했다.

오해하지 않았으면 좋겠다. 필자가 디엠지에 땅을 사게된 동기는 욕심이 담긴 투기 목적이 아닌 통일을 준비하고 북한 동포들을 섬기기 위한 투자이다. 비록 내 때가 아니어도 후대에게 그 사역을 물려주기 위한 것이다. 통일이되거나 DMZ가 열리게 되면 어느 곳이 먼저 개발될지는모른다. 때문에, 돈이 생기는 대로 동시다발 묻지마 식으로 구입했다.

이것은 '생리대공장'을 지을 부지를 구입했듯이 투기나, 나 자신을 위한 것이 아닌 목표가 분명한 순수 북한 동포들을 위한 것이다.

옛, 장대현교회 터 위에
교회를 다시 세우고 싶어요

먼저, 잘 알려진 장대현교회의 역사적 자료를 참고하여
간단히 소개하고자 한다.

"평양에 설립된 장대현교회는 1893년 미국 '북장로교'
에서 파송한 마펫(마포삼열) 선교사가 평양 널다리골(판교동)
기와집 주택에서 7명의 교인으로 시작하였고 1903년 예
배당의 완공과 더불어 교회명을 장대현교회로 개칭했다.
1900년 6월 김종섭 장로가 최초의 장로가 되어 당회가 조
직되었고 이어 1901년 길선주와 방기창도 장로가 되었다.

이후, 교회가 해마다 번창해서 1901년에는 18개의 예
배 처소가 생기게 되는 등, 부흥에 부흥을 거듭하게 되었
다. 뿐만 아니라, 1905년 길선주(아내 신선행)를 중심으로 세
계 교회 사상 처음으로 새벽기도회가 시작되었는데 이것
이 바로 1907년의 평양대부흥회를 준비하는 결정적 동기

가 되었던 것이다.

길선주목사는 1893년 평양에 기독교가 들어온 이후 1896년부터 교회 예배에 참석하게 되었고 부인(신선행)과 자녀들도 교회에 다니기 시작했다. 그는 은혜를 받아 하나님의 감동으로 땅 800평을 비롯한 전 재산을 교회에 바쳐드렸고, 1897년 8월 15일에 리(Graham.Lee) 목사에게 세례를 받았고 이어 1898년 평양 장대현교회(널다리골)의 목사가 되었다.

1907년 장대현교회의 부흥운동은 곧 '백만명구령운동'으로 발전되었고 교인수가 급격히 늘어나, 1907년에는 무려 3,7만 여명에서 1911년에는 14.4만여 명으로 폭발적인 증가로 부흥하게 된 것이다.

그는 1919년 3.1운동 때에는 기독교계를 대표하여 33인의 한 사람으로 독립선언서에 서명하였지만 서울 독립선언서를 낭독할 때에 그는 부흥회 인도로 참가하지 못했다.

길선주목사의 부흥회 순례는 35년간 2만회에 연 380만 여명이 참석했으며, 교회 설립 60여 곳, 이동거리 20만리, 세례자 3천여 명, 개종자가 7만 명에 이른다. 또한, 부흥집회 외에도 청년운동, 농촌운동, 금주운동 등의 사회운동집회에도 강사로 나가 민족의 살 길을 외쳤다.

그런데 1935년 11월 26일 평서노회 부흥사경회를 강서군 고창교회에서 인도했고 축도를 마지막으로 그 자리에서 뇌출혈로 쓰러져 67세의 나이로 세상을 떠났던 것이다.

그리고 그가 임종 때 부른 마지막 찬송은 '예수가 거느리시니'였다." 고 한다.

예수가 거느리시니

HE LEADS ME

J. H. Gilmore (1834~1918) 작사, W. B. Bradbury (1816~1868) 작곡

———

예수가 거느리시니 즐겁고 평안하구나
주야에 자고 깨는것 예수가 거느리시네

때때로 괴롬 당하면 때때로 기쁨 누리네
풍파 중에 지키시고 평안히 인도하시네

내 주의 손을 붙잡고 천국에 올라가겠네
괴로우나 즐거우나 예수가 거느리시네

이 세상 이별할 때에 마귀의 권세 이기네
천국에 가는 그길도 예수가 거느리시네

후렴
주날 항상 돌보시고 날 친히 거느리시네
주날 항상 돌보시고 날 친히 거느리시네

하나 더 소개하고 싶은 것은, 한국에서 역동적으로 사역하고 있는 평양 출신의 유대열목사(본향교회)의 증언에 의하면 어린 시절 뛰놀던 곳이 옛 장대현교회와 평양신학교 자리였다고 한다. 필자도 최근 어느 교회에서 그 교회 성도들과 함께 탈북자 유목사님을 우연한 기회에 만나게 되었다.

모 일간지에 기록된 그의 증언을 요약해 보았다.

"북한에 있던 3천개 교회들을 하나하나 기록한 부분의 맨 뒤에 무명교회 두 곳이 기록돼 있다. 그중 한 교회에 이런 질문이 있다. '대동문 옆으로 멀리 보이는 교회는 어느 교회인가.' '평양 사람은 대답하라'. 평양 대동강변의 대동문이 찍힌 사진인데 6·25전쟁 당시 국군이 평양을 탈환했던 날 종군 사진기자가 찍은 것이라는 설명과 함께 오른쪽 뒤편으로 한 교회의 모습이 보였다. 사진을 보는 순간 내 심장이 쿵쿵 뛰는 것을 느꼈다. 그 교회가 장대현교회 라는 것을 한눈에 알아볼 수 있었기 때문이다.

나는 고향이 평양이다. 초등학교는 '대동문인민학교'를 나왔다. 대동문 옆에 있는 학교였기에 붙여진 이름이다.

초등학교 시절 친구들과 함께 대동문을 오르락내리락하며 술래잡기도 했다.

중학교는 바로 옆에 있는 '련광고등중학교'를 다녔다. 여기서 조금만 더 가면 모란봉에서 김일성광장으로 이어지는 평양의 중심도로가 나온다. 그 도로를 건너면 큰 언덕이 있는데, 그 언덕 위에는 '평양학생소년궁전'이 있다. 그 언덕을 장대재 언덕이라 하는데 장대현교회가 있던 자리다. 나는 학창시절 '평양학생소년궁전'에서 친구들과 놀곤 했다. 장대현교회 터가 어린 시절 놀이터였던 셈이다.

북한교회 자료들을 연구하던 중에 참으로 놀라운 사실을 발견했다. 내가 다닌 '대동문인민학교'와 '련광고등중학교' 자리에 마포삼열(새뮤얼 A 모펫) 선교사의 사택과 평양신학교가 있었다는 점이다.

마포삼열 목사는 평양신학교와 장대현교회를 설립한 분이다. 당시 난 매일 새벽 김일성과 김정일의 거대한 동상이 있는 만수대언덕에 올라 새벽예배 드리듯이 절을 하곤 했다. 그곳이 평양신학교 자리였다니 놀라웠다.

어린 시절 놀고 자라왔던 곳 뿐 아니라 다니던 학교에 이르기까지 모두가 북한선교와 교회의 역사가 진하게 배어 있는 곳들이었다. 이사를 가는 곳마다 정이 들었고 친구들을 많이 사귀었다. 왜 그랬을까. 하나님의 역사와 섭리는 참으로 신비하고 놀랍다. 하나님은 북한 선교와 교회 재건을 위해 한 사람의 인생을 예비하시고 준비하시고 인도하셨다. 나는 이제 겨우 그 뜻을 알게 됐다."

나는 언제부턴가 이렇게 기도하기 시작했다.

'주님! 저들이 무너뜨린 평양의 장대현교회 터 위에 교회가 다시 세워지게 해주세요,

그곳에 김일성, 김정일 동상을 만들어 경배하게 만드는 우상의 동상이 무너지고 교회를 새롭게 세워 주님께 예배하는 처소로 바꿔 주세요, 저들을 불쌍히 여겨주세요.' 이렇게 말이다.

그런데 기도하는 가운데 "그곳에 네가 세워라!, 네가 감당하면 되잖아!, 너를 통해 세우게 해달라고 기도해라" 이러한 감동을 주시는 것이다. 그래서 난 속으로 내가요?, 내가 어떻게?, 이런 일은 나에게 있을 수 없는 일이지… 라고 스스로 제한했다.

하지만 순간 마음 한편에 말씀들이 스쳐 지나간다.

(마19:26) "사람으로는 할 수 없으나 하나님으로서는 다 하실 수 있느니라"

(빌4:13) "내게 능력 주시는 자 안에서 내가 모든 것을 할 수 있느니라"

(막11:24) "그러므로 내가 너희에게 말하노니 무엇이든지 기도하고 구하는 것은 받은 줄로 믿으라 그리하면 너희에게 그대로 되리라"

(눅17:6) "주께서 가라사대 너희에게 겨자씨 한 알만한 믿음이 있었더면 이 뽕나무더러 뿌리가 뽑혀 바다에 심기우라 하였을 것이요 그것이 너희에게 순종하였으리라"

(렘33:3) "너는 내게 부르짖으라 내가 네게 응답하겠고 네가 알지 못하는 크고 비밀한 일을 네게 보이리라"

그래서 나에게는 감히 상상할 수도 없는 감동이지만 이제는 기도가 바뀌어졌다.

'주님! 저들이 무너뜨린 평양의 장대현교회 터 위에 나를 통해 교회가 다시 세워지게 해주세요, 나를 사용해 주세요, 이 종이 감당하겠습니다, 감당할 수 있도록 도와주세요'

이렇게 자신에게 민망한 기도를 드리게 되지만 말씀 따라 주님만 의지하고 때를 기다리며 한결같이 기도할 뿐이다.

주님이 하셨습니다!

시온성과 같은 교회

시온성과 같은 교회 그의 영광 한없다
허락하신 말씀대로 주가 친히 세웠다
반석 위에 세운 교회 흔들 자가 누구랴
모든 원수 에워싸도 아무 근심 없도다

생명샘이 솟아 나와 모든 성도 마시니
언제든지 흘러 넘쳐 부족함이 없도다
이런 물이 흘러가니 목마를 자 누구랴
주의 은혜 풍족하여 넘치고도 넘친다

주의 은혜 내가 받아 시온 백성 되는 때
세상 사람 비방해도 주를 찬송하리라
세상 헛된 모든 영광 아침 안개 같으나
주의 자녀 받을 복은 영원무궁 하도다 (아멘)

06
통일은
탕자를 잃은
아버지의 마음으로

복음 전도는 가족을 비롯한 가까운 곳에 있는 사람들에게 우선하여 먼저 전하는 것이 바람직하다고 본다. 북한 동포들을 향한 복음 전도가 시급한 문제이기 때문이다.

(행1:8) "오직 성령이 너희에게 임하시면, 너희가 권능을 받고 예루살렘과 온 유대와 사마리아와 땅 끝까지 이르러 내 증인이 되리라 하시니라"

동방의 예루살렘이라고 하는 북한의 평양성이 공산주의 통치의 중심부가 되어있다. 순교자들의 묘역이 붉은 마수들의 발아래 짓밟히고 있다. 북한은 헌법상으로도 나의 조국이요 같은 동포들이다. 그들은 우리의 원수가 아니라 피를 함께 한 동포요 형제들임을 부인할 수 없다. 동포애를 더욱 가까이에서 느끼고 실천하려면 통일을 이루어야한다.

통일의 문제는 정부만의 것도 아니고 대통령 혼자만의 일이 아니라 전 국민이 함께 감당해내야 할 역사적이고 민족적인 과제이기 때문에 함께 힘을 모아 이루어내야만 한다. 우리 기독교 운동은 하나님의 말씀을 전파하여 단 한 영혼이라도 더 구원받게 하는 일이다. 통일은 정치, 군사적 문제가 아니라 영적인 일이고 통일은 기독교인의 행동에 따라 좌우될 수 있다.

그런데 대북 선교 활동을 한다는 수단이 탈북자들을 만들어내는 것이라고 한다면 이는 복음적이라기보다는 정치적이라고 하는 말이 더 맞는 것 같다. 때문에 통일은 정치인들에 의해서 만들어져서는 안 되고 기독교인을 중심으로 한 그리스도의 복음으로 접근해야 한다.

우리는 '탕자의 비유'를 잘 알고 있다. 탕자의 행동으로는 한 아버지의 아들이 될 수가 없다. 그렇다고 해서 큰 아들의 사상으로도 한 가정을 이룰 수 없다. 오직 아버지의 마음으로만 모든 것이 가능하다.

(눅15:32) "이 네 동생은 죽었다가 살아났으며 내가 잃었다가 얻었기로 우리가 즐거워하고 기뻐하는 것이 마땅하다 하니라"고 했다.

거기에서 다시 한 가족으로 회복된 것이다.

대한민국의 남북통일은 탕자의 아버지의 마음으로 돌아가야 이루어질 것이다. 그래서 나는 우리나라의 남북통일은 반드시 탕자를 잃어버린 아버지의 마음으로 이루어져야 한다고 생각한다. 그리고 남북통일을 위해서 쉬지 않고 기도하는 이것이야 말로 진정한 애국자요, 저 북녘 하늘 아래에 사는 동포들에게 복음을 위해 통일을 바라는 그리스도인의 마음이라고 생각한다.

이 시대에 가장 복잡하고 혼란스런 한국 땅에 태어나 살게 하신 분명한 하나님의 뜻이 있다.

그것은 가치 있는 삶을 살 수 있는 가장 좋은 조건에 서 있다는 것이다. 단 한번 주어진 인생 나 하나 구원받고, 내 한 가족 잘 먹고 잘사는 것에만 남은 인생을 허비한다면 무슨 의미가 있겠는가!

"너희가 거저 받았으니 거저 주라" 는 그리스도인의 본질적 삶에 충실하여 거저 받은 빵과 복음의 은혜를 나누며 살아가는 '감화와 감동'이 있는 실천적 삶을 살아야 할 것이다.

탕자를 잃은 아버지의 마음으로 북한 동포를 다시 찾아 껴안아야 하겠다.

저 북방 얼음산과

저 북방 얼음산과 또 대양 산호섬
저 남방 모든 나라 수많은 백성들

큰 죄악 범한 민족 다 구원 얻으려
참 빛을 받은 우리 곧 오라 부른다

주 은혜 받은 우리 큰 책임 잊고서
주 예수 참된 구원 전하지 않으랴

온 세상 모든 백성 구원 얻도록
온 몸과 재산 드려 이 복음 전하자

만왕의 왕 된 예수 이 세상 오셔서
만백성 구속하니 참 구주 시로다

저 부는 바람 따라 이 소식 퍼치고
저 바다 물결 따라 이 복음 전하자

07
통일 대기조로
준비되어 있어야 한다

통일의 준비 없이 북한 땅에 가려는 것은 교만이요, 욕심이다. 이는 반드시 실패하기 때문이다. 북한은 복음으로 중무장한 사람이 들어가야 성공한다.

필자는 군 시절 단독군장으로 한 달여 동안 취침을 해본 경험이 있다. 군화를 신고 대검과 소총을 휴대한 채 언제든지 출동명령을 기다리기 위함이다. 적과 싸우려면 철저한 준비 없이는 승리할 수 없다.

(엡6:11~17) "마귀의 간계를 능히 대적하기 위하여 하나님의 전신갑주를 입으라 우리의 씨름은 혈과 육을 상대하는 것이 아니요 통치자들과 권세들과 이 어둠의 세상 주관자들과 하늘에 있는 악의 영들을 상대함이라 그러므로 하나님의 전신갑주를 취하라 이는 악한 날에 너희가 능히 대적하고 모든 일을 행한 후에 서기 위함이라 그런즉 서서 진리로 너희 허리띠를 띠고 의의 호심경을 붙이고 평안의 복음이 준비한 것으로 신을 신고 모든 것 위에 믿음의 방패를 가지고 이로써 능히 악한자의 모든 불

화살을 소멸하고 구원의 투구와 성령의 검 곧 하나님의 말씀을 가지라"

통일전문가 이용희 교수는 말하기를 "통일은 한국교회가 하기 나름이다, 기도가 차야하고, 실력이 있어야 한다. 그러기 위해서는 각 분야의 통일전문 대기조가 필요하다. 통일은 임박했는데 준비가 되지 않았다. 통일이 되면 누가 먼저 들어가겠나! 어쩌면 신천지, 통일교, 부동산 투기꾼, 기업가… 순이 될 것이다."

의미 있는 말이다.

모든 일에는 우선순위에 따라 하게 된다. 재력이 있다고, 대형교회니까, 사람이 많으니까.. 이렇게 물량공세로 접근하면 큰 오산이다. 다양한 헌금 종류 중 '통일준비헌금'을 드리는 교회가 과연 한국교회 중에서 얼마나 될까? 총은 있는데 실탄이 장착되어 있지 않았다면 그 총으로서의 기능과 역할을 발휘할 수 없다.

북한 영혼을 살리겠다고, 품겠다고, 섬기겠다며 기도는 하지만 과연 그럴만한 실력이 준비되어 있느냐이다. 그저 열정만 가지고 있다고 되는 것이 아니다. 땅도 준비해야 하고, 기술도 준비되어야 하고, 통일의 토대가 되는 플랫

폼도 갖추어야 한다. 이렇게 준비되어 있어야 베를린장벽이 어느 순간에 무너진 것처럼 휴전선이 무너져올 때 주님이 원하시는 일들을 이루어 나갈 수 있는 것이다.

하나님은 이렇게 필승 대기조로 준비되어 있는 자들에게 그 일을 맡기신다. 각 분야의 전문인을 양성하여 대기시켜 놓아야 한다.

애국가

나는 우리의 애국가를 즐겨 부른다.

가사가 더욱 마음에 든다. "하나님이 보호하사" 이 부분이 다르게 표현되었다.

애국가 작사가가 '안창호, 윤치호, 안익태, 김준성 목사' 등 이라고 여러 논란이 많지만 분명한 것은 이들 모두는 예수그리스도의 복음을 접한 분이기에 하나님을 우선하여 표현하고 싶었을 것이다. 이것이 애국가를 작사한 작사가의 의도이다.

때문에, 하늘에 있는 어떤 신을 상징적으로 표현한 "하느님이 보우하사"는 우리가 믿는 유일신 하나님을 말하고 있지 않고 혼합된 다신론 적 표현이라고 말할 수 있다. 따라서 우리는 애국가를 부를 때에도 작사가가 의도한 대로 하나님을 의식하며 불러야 하는 것이다.

또한, 애국가를 부르는 것처럼 나의 조국 '대한민국'을 위해서 충성을 다해야 한다고 생각한다. 대한민국 국민으로서 헌법에서 말하고 있는 국방, 납세, 교육, 근로의 의무를 다 했으면 곧 애국자라고 한다면 아직도 멀었다고 해야할 것이다.

법이란! 최소치의 기준에 불과하기 때문에 그를 애국자라고 부르기에는 부족하다.

정치인들이 자기의 명예와 권력을 위해서 온갖 수단 방법을 가리지 않는다면 그것은 애국도 아니고, 나라를 위한 진정한 충성도 아니다. 그것은 나라를 좀먹는 일이요, 자기의 출세요, 자기를 위한 욕심의 충족일 뿐이다.

애국가

동해물과 백두산이 마르고 닳도록
하나님이 보호하사 우리나라 만세

남산위에 저소나무 철갑을 두른듯
바람서리 불변함은 우리기상 일세

가을하늘 공활한데 높고 구름 없이
밝은 달은 우리가슴 일편단심 일세

이기상과 이맘으로 충성을 다하여
괴로우나 즐거우나 나라 사랑 하세

후렴
무궁화 삼천리 화려강산
대한사람 대한으로 길이 보전 하세

시무장로에서 '사역장로'의 새로운 길을 걸을 수 있도록 용기와 결단을 갖게 하신 하나님께 감사와 영광을 올려드린다!

언제 죽을지 모르는 단 한 번 주어진 유한한 인생, 나하나 구원받고, 내 한 가족 잘 먹고 잘 사는 것에만 남은 인생을 허비하지 않고 "너희가 거저 받았으니 거저 주라"는 그리스도인의 본질적 가치에 충 실하여 이 땅에 예수님을 몰라 고통에 신음하는 자에게 주님께서 거저 주신 빵과 복음의 은혜를 거저 나누며 살아가는 실천적 그리스도인들이 되자고 글을 썼다.

감히 글을 쓴다는 것 자체가 필자에게는 모순이오나 성경적 직분자가 되어보자고 용기 내어 이 글을 쓰게 되었다.

이 책에는 철학적 용어나 이름난 세상의 어떤 타인의 글을 인용하지 않았고 독자에게 쉽게 읽혀지도록 히브리어, 헬라어 같은 어려운 원어도 피했다.

(골2:8) **"누가 철학과 헛된 속임수로 너희를 사로잡을까 주의하라 이것은 사람의 전통과 세상의 초등학문을 따름이요 그리스도를 따름이 아니니라"**

다만, 나는 모르니 성경 말씀을 중심으로 글을 쓰려고 하였고 말씀을 근거로 오직 떠오르는 말씀만을 따라 인용하였으며 두렵고 떨리는 심정으로 썼다.

하지만 혹여, 잘못된 부분이 있다면 먼저 하나님께 회개하며 독자들에게 이해와 용서를 구한다.

모든 것 주님이 하셨습니다!!

성자의 귀한 몸 나 위하여

———

성자의 귀한 몸 나 위하여 버리신 그 사랑 고마워라
내 머리 숙여서 주님께 비는 말 나 무엇 주님께 바치리까

지금도 나 위해 간구하심 이 옅은 믿음이 아옵나니
주님의 참사랑 고맙고 놀라워 찬송과 기도를 쉬지않네

주님의 십자가 나도 지고 신실한 믿음과 마음으로
형제의 사랑과 친절한 위로를 뉘게나 베풀게 하옵소서

만 가지 은혜를 받았으니 내 평생 슬프나 즐거우나
이 몸을 온전히 주님께 바쳐서 주님만 위하여 늘 살겠네 (아멘)

시무장로 사역장로

초판발행일 2022년 11월 1일

지은이 배수현
펴낸이 안미경
표지디자인 유재헌
내지디자인 박수정
제 작 송재호
홍 보 배예영
물 류 이슬기

펴낸곳 가나북스 www.gnbooks.co.kr
출판등록 제393-2009-000012호
전 화 031) 959-8833
팩 스 031) 959-8834

ISBN 979-11-6446-062-5(03230)

※ 가격은 뒤표지에 있습니다.
※ 잘못된 책은 구입하신 곳에서 교환해 드립니다.